「**主要教科の復習をしながら、無理なく基礎力がつくプリント**をつくれないだろうか」――これが、このプリントを制作した動機です。

さいわい、今までに各教科で同じ趣旨のプリント制作にたずさわってまいりました。そこで、それらのプリントでつちかった経験や、問題も一部でいかしながら、**主要教科の大切なことがらをもれなく取り上げた**のが、この「**らくらく全科プリント**」です。

学年の総仕上げや学期の復習、単元のおさらいなど、いろいろな用途にお使いいただけます。

本書の特色

- **基礎的な問題が無理なく学習**できるよう配慮しました。
- 子どもが**ゆったり書けるレイアウト**にしました。
- 書き込み問題を中心にし、**学力の定着がはかれる**ようにしました。
- 漢字学習では**ひとつの漢字が、たくさんの熟語を作れる**ことを実感できる構成にしました。
- **学習の世界を広げる**など、様々なおもしろヒントをすべての項目につけました。
- 子どもが**手本にできる手書き文字**を採用しました。

本書の使い方

①学習は毎日、少しずつでも続《つづ》けるようにしましょう。

②このプリントは見開き２ページが１回分です。どのページからでも取り組めます。国語は後ろ側《がわ》から、始まります。

③開いたページの問題を、まず、３回しっかり読みましょう。

④答えを書き終わったら、全体をていねいに読み直しましょう。うっかりミスをなくせます。

⑤最後《さいご》に答え合わせをしましょう。まちがった問題は、すぐにやり直して100点満点《てんまんてん》にしましょう。

◆教科書と国語辞典《じてん》は、いつでも使えるようにしておきましょう。

もくじ

算数

理科

社会

＊社会科について：社会科は、決められた項目を３・４年の２年間で学習する教科です。そのため、学校により扱う項目がちがう場合があります。本書では、３年で多く取り上げる項目を収録しました。

えい語

国 語

算数　　　月　　日　　　　とく点

1　時こくと時間

／100

1　次《つぎ》の㋐、㋑の時こくをかき、㋐と㋑の間の時間㋒をもとめましょう。

（7点×6問）

① 5月3日の午前です。

（5月3日）→

㋒ ＿＿＿＿＿＿＿＿

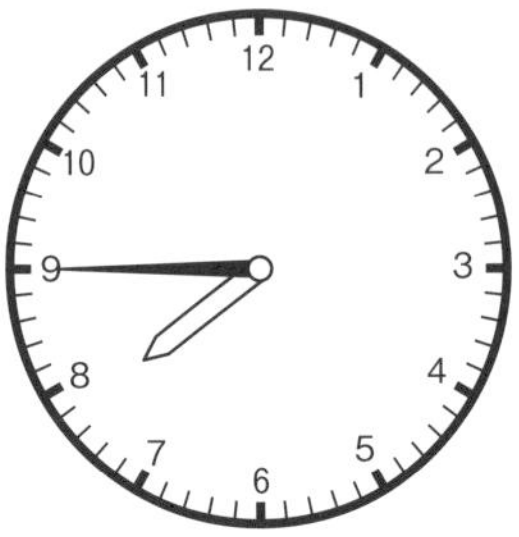

㋐ ＿＿＿＿＿＿＿＿　　　　㋑ ＿＿＿＿＿＿＿＿

② 5月5日の午後です。

（5月5日）→

㋒ ＿＿＿＿＿＿＿＿

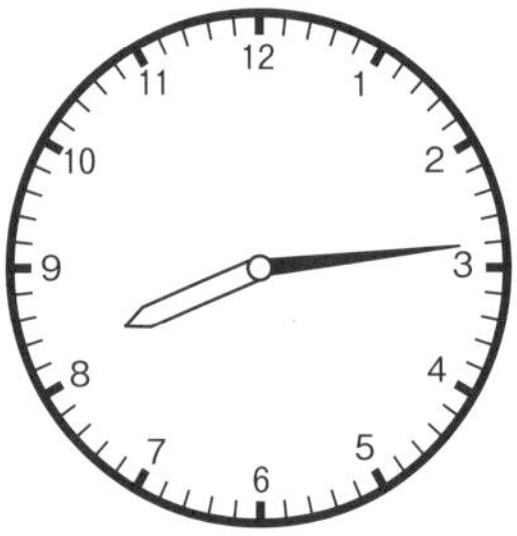

㋐ ＿＿＿＿＿＿＿＿　　　　㋑ ＿＿＿＿＿＿＿＿

2　中学生の兄は、午前7時20分に家を出て野《や》球《きゅう》の練《れん》習《しゅう》に行きました。そして、午後1時40分に家に帰ってきました。

兄が家を出てから家に帰ってくるまでの時間は、何時間何分ですか。

（5点）

答え ＿＿＿＿＿＿＿＿

ヒント

「夜9時にねて、朝6時半に起《お》きました。」…9時、6時半は時こくです。「9時間半ねました。」…9時間半は時間です。

3 1時間は60分です。次の時間を何分になおしましょう。（6点×2問）

① 1時間20分

答え

② 2時間30分

答え

4 60分は1時間です。次の時間を何時間何分になおしましょう。（6点×2問）

① 70分

答え

② 158分

答え

5 次の時間を何分何秒《びょう》になおしましょう。（6点×2問）

① 220秒

答え

② 405秒

答え

6 次の時間を何秒になおしましょう。（6点×2問）

① 2分

答え

② 3分10秒

答え

7 山田さんは1時間45分間、田口さんは85分間歩きました。山田さんは、田口さんより何分間多く歩きましたか。（5点）

答え

算数　　月　日

2 円と球《きゅう》

とく点　／100

1 同じ直径《ちょっけい》の円が、図のように7こならんでいます。

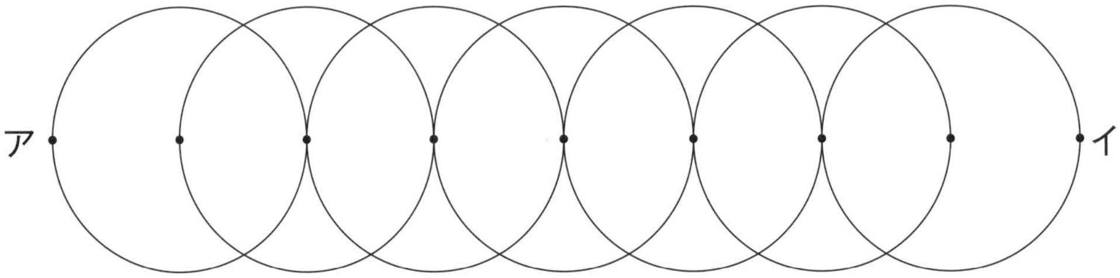

① 点**ア**から点**イ**までの長さは20cmでした。1つの円の直径は何cmですか。　（10点）

答え

② 1つの円の半径は何cm何mmですか。　（10点）

答え

2 大きい円の中に、半径1cmの小さい円が3こならんでいます。

① 大きい円の直径は、何cmですか。　（15点）

答え

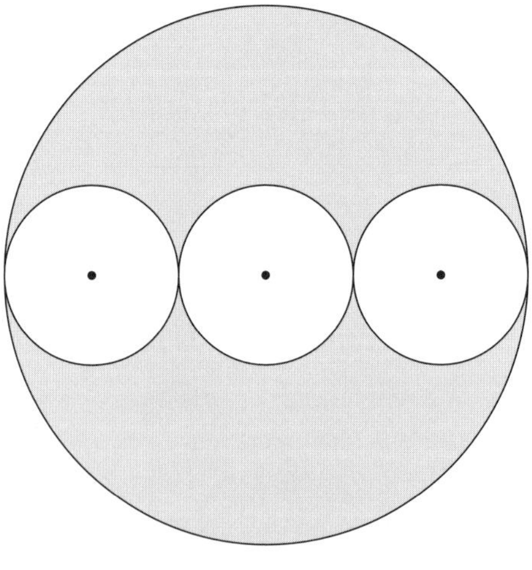

② 大きい円の半径は、何cmですか。　（15点）

答え

半径《はんけい》何cmぐらいの円がかきやすいですか。半径の１cmの円はかきにくいし、半径12cmの円をかくのもたいへんです。

ヒント

3 半径３cmのボールが箱《はこ》の中にきちんと入っています。

① 箱のたての長さは、何cmですか。（10点）

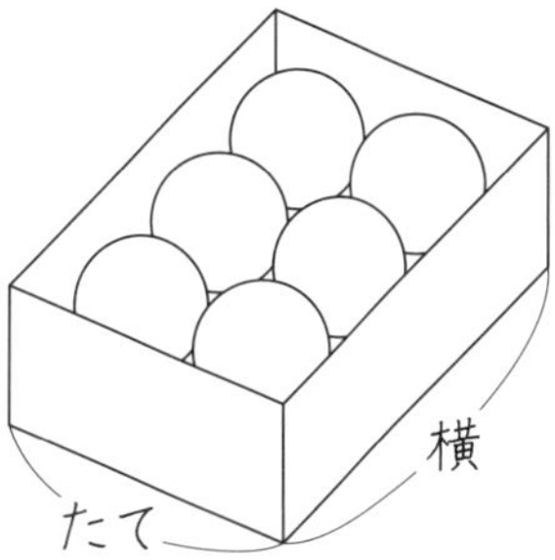

答え

② 箱の横《よこ》の長さは、何cmですか。（10点）

答え

4 同じ大きさのボールが箱の中にきちんと入っています。

① ボールの半径は、何cmですか。（15点）

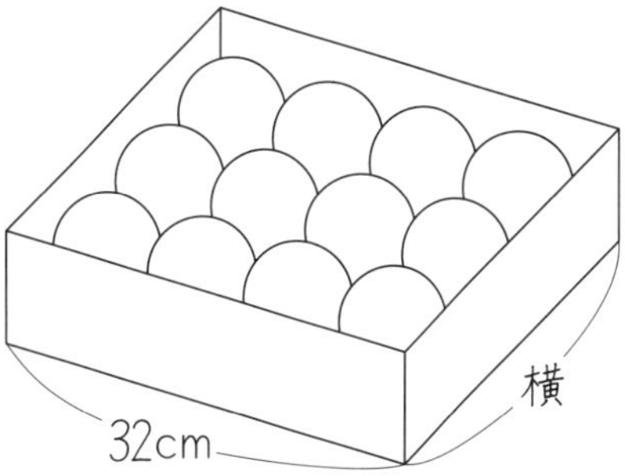

答え

② 箱の横の長さは、何cmですか。（15点）

答え

算数　　月　　日　　とく点

3　3けたの数のたし算

／100

1　春野さんは、365円のはさみと375円のホッチキスを買いました。あわせて何円ですか。（20点）

365円	375円

（　　　）

（計算）

式《しき》

答え

2　秋山さんは、278円のピーナッツと425円のせんべいを買いました。あわせて何円ですか。（20点）

278円	425円

（　　　）

（計算）

式

答え

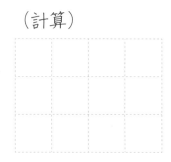

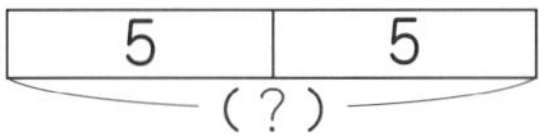

テープのような図なのでテープ図といいます。

3 次《つぎ》のたし算をしましょう。

（①～⑫4点、⑬⑭6点）

①
$$\begin{array}{r} 247 \\ +\ 450 \\ \hline \end{array}$$

②
$$\begin{array}{r} 146 \\ +\ 423 \\ \hline \end{array}$$

③
$$\begin{array}{r} 304 \\ +\ 205 \\ \hline \end{array}$$

④
$$\begin{array}{r} 413 \\ +\ 249 \\ \hline \end{array}$$

⑤
$$\begin{array}{r} 628 \\ +\ 259 \\ \hline \end{array}$$

⑥
$$\begin{array}{r} 375 \\ +\ 430 \\ \hline \end{array}$$

⑦
$$\begin{array}{r} 274 \\ +\ 578 \\ \hline \end{array}$$

⑧
$$\begin{array}{r} 497 \\ +\ 376 \\ \hline \end{array}$$

⑨
$$\begin{array}{r} 348 \\ +\ 597 \\ \hline \end{array}$$

⑩
$$\begin{array}{r} 296 \\ +\ 637 \\ \hline \end{array}$$

⑪
$$\begin{array}{r} 362 \\ +\ 548 \\ \hline \end{array}$$

⑫
$$\begin{array}{r} 283 \\ +\ 419 \\ \hline \end{array}$$

⑬
$$\begin{array}{r} 7264 \\ +\ 6394 \\ \hline \end{array}$$

⑭
$$\begin{array}{r} 7296 \\ +\ 5437 \\ \hline \end{array}$$

算数

月　　日

4 3けたの数のひき算

とく点　／100

1 北口さんは、532円持《も》っています。258円でスティックのりを買いました。のこりは何円ですか。（20点）

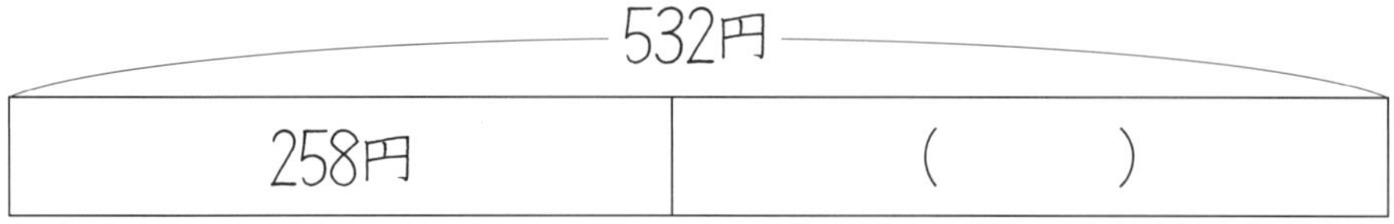

（計算）

式《しき》

答え

2 夏木さんは、610円持っています。355円でコンパスを買いました。のこりは何円ですか。（20点）

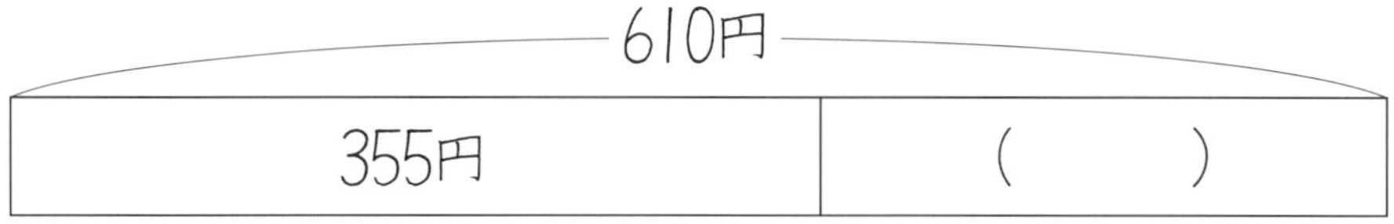

（計算）

式

答え

テープ図のはばをなくすと、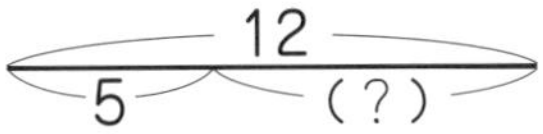

線分図です。

3 次《つぎ》のひき算をしましょう。

（①〜⑫4点、⑬⑭6点）

① 956 − 304

② 569 − 423

③ 604 − 204

④ 917 − 446

⑤ 807 − 452

⑥ 683 − 376

⑦ 945 − 597

⑧ 652 − 296

⑨ 774 − 385

⑩ 802 − 385

⑪ 703 − 417

⑫ 900 − 384

⑬ 15921 − 8452

⑭ 12752 − 3274

算数　　月　日

5 かけ算のふく習《しゅう》

とく点　／100

1 次《つぎ》の表《ひょう》は、さりなさんのまと当てのとく点表です。
さりなさんの当てたとく点と合計を表にかきましょう。（10点）

まとの点数（点）	10	5	3	0	合　計
当たった数（こ）	3	1	2	4	
と　く　点（点）					

2 次の計算をしましょう。（4点×8問）

① $5\times0=$　　② $7\times0=$

③ $0\times4=$　　④ $0\times0=$

⑤ $10\times7=$　　⑥ $10\times3=$

⑦ $6\times10=$　　⑧ $0\times10=$

3 □にあてはまる数をかきましょう。（4点×4問）

① 6×8は、6×7より □ だけ大きい。

② 3×5は、3×6より □ だけ小さい。

③ 9×4は、9×5より □ だけ小さい。

④ 8×7と同じ答えになる九九は □ × □ 。

ヒント

どの数に０をかけても０になります。

4 次の□にあてはまる数をかきましょう。（４点×６問）

① ３×４＝□×３　　② ７×６＝６×□

③ ２×８＝２×７＋□

④ ５×６＝５×７－□

⑤ ４×８の答えは４×５と４×□の答えをあわせた数と同じです。

⑥ ９×７の答えは９×４と９×□の答えをあわせた数と同じです。

5 12×4の答えをくふうしてもとめましょう。
図を見て□にあてはまる数をかきましょう。（６点×３問）

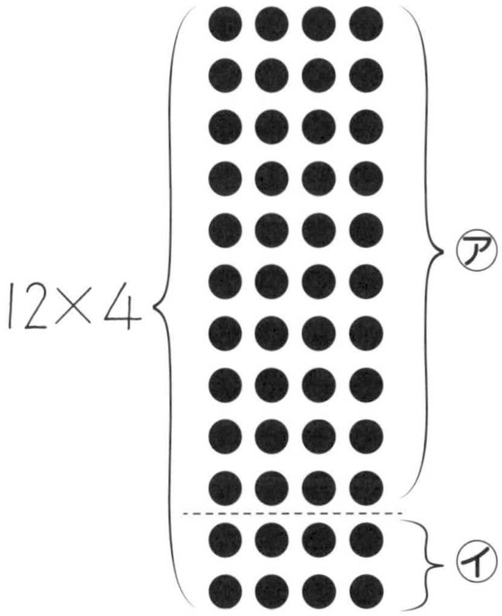

12×4

ア 10×□＝□

イ □×4＝□

ウ □

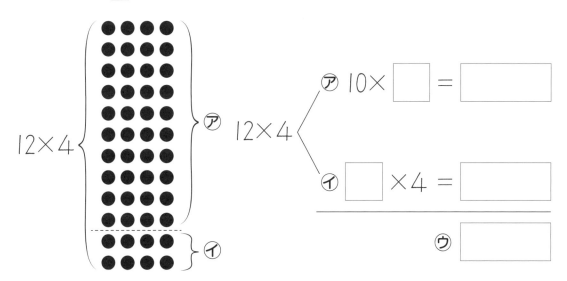

算数　　月　　日

6 わり算

とく点　／100

1 56cmのテープを、同じ長さで7つに切ります。
1つの長さは、何cmになりますか。　（5点）

式《しき》

答え

2 36本のきくの花を、6本ずつたばねます。
きくのたばは、何たばになりますか。　（5点）

式

答え

3 28人を、同じ人数の4つのグループに分けます。
1グループは、何人になりますか。　（5点）

式

答え

4 30このクッキーを、ふくろに6こずつ入れました。
そのふくろに、4こずつキャンディーを入れます。
キャンディーは、何こあればいいですか。　（5点）

式

答え

ヒント

九九１回でわりきれるわり算は90題《だい》です。九九は０×０～９×９で100題です。わり算には、０÷０～９÷０の10題がありません。

5 次《つぎ》のわり算をしましょう。（４点×20問）

① 24÷8＝

② 35÷5＝

③ 54÷9＝

④ 6÷2＝

⑤ 36÷9＝

⑥ 16÷8＝

⑦ 15÷5＝

⑧ 36÷4＝

⑨ 0÷7＝

⑩ 48÷6＝

⑪ 27÷9＝

⑫ 28÷4＝

⑬ 48÷8＝

⑭ 12÷3＝

⑮ 14÷7＝

⑯ 30÷6＝

⑰ 54÷6＝

⑱ 63÷9＝

⑲ 64÷8＝

⑳ 42÷7＝

算数　　月　　日

7 あまりのあるわり算

とく点　　／100

1 26このクッキーを４人に同じ数ずつ分けると、１人分は何こで、何このこりますか。（５点）

式《しき》

答え

2 カード46まいを８列《れつ》に同じ数ずつならべると、１列に何まいで、何まいのこりますか。（５点）

式

答え

3 31日間は、何週間と何日ですか。（５点）

式

答え

4 53このくりを８人で同じ数ずつ分けると、１人分は何こで、あまりは何こですか。（５点）

式

答え

ヒント

九九１回のわり算で、あまりありは360題《だい》です。360題のうち5の①～⑩のタイプは260題で、⑪～⑳のタイプ（あまりがくり下がりのひき算）が100題です。

5 次《つぎ》のわり算をしましょう。

（４点×20問）

① 17÷2＝　　あまり

② 41÷8＝　　あまり

③ 66÷8＝　　あまり

④ 3÷2＝　　あまり

⑤ 25÷4＝　　あまり

⑥ 69÷9＝　　あまり

⑦ 39÷6＝　　あまり

⑧ 34÷4＝　　あまり

⑨ 83÷9＝　　あまり

⑩ 39÷5＝　　あまり

⑪ 12÷9＝　　あまり

⑫ 50÷7＝　　あまり

⑬ 52÷7＝　　あまり

⑭ 33÷9＝　　あまり

⑮ 50÷9＝　　あまり

⑯ 31÷7＝　　あまり

⑰ 11÷6＝　　あまり

⑱ 52÷8＝　　あまり

⑲ 22÷9＝　　あまり

⑳ 40÷6＝　　あまり

算数　　月　　日　　とく点

8 大きい数

／100

1 次《つぎ》の数直線について答えましょう。

① 数直線の目もりⓐ～ⓒの数を（　　）にかき入れましょう。（3点×10問）

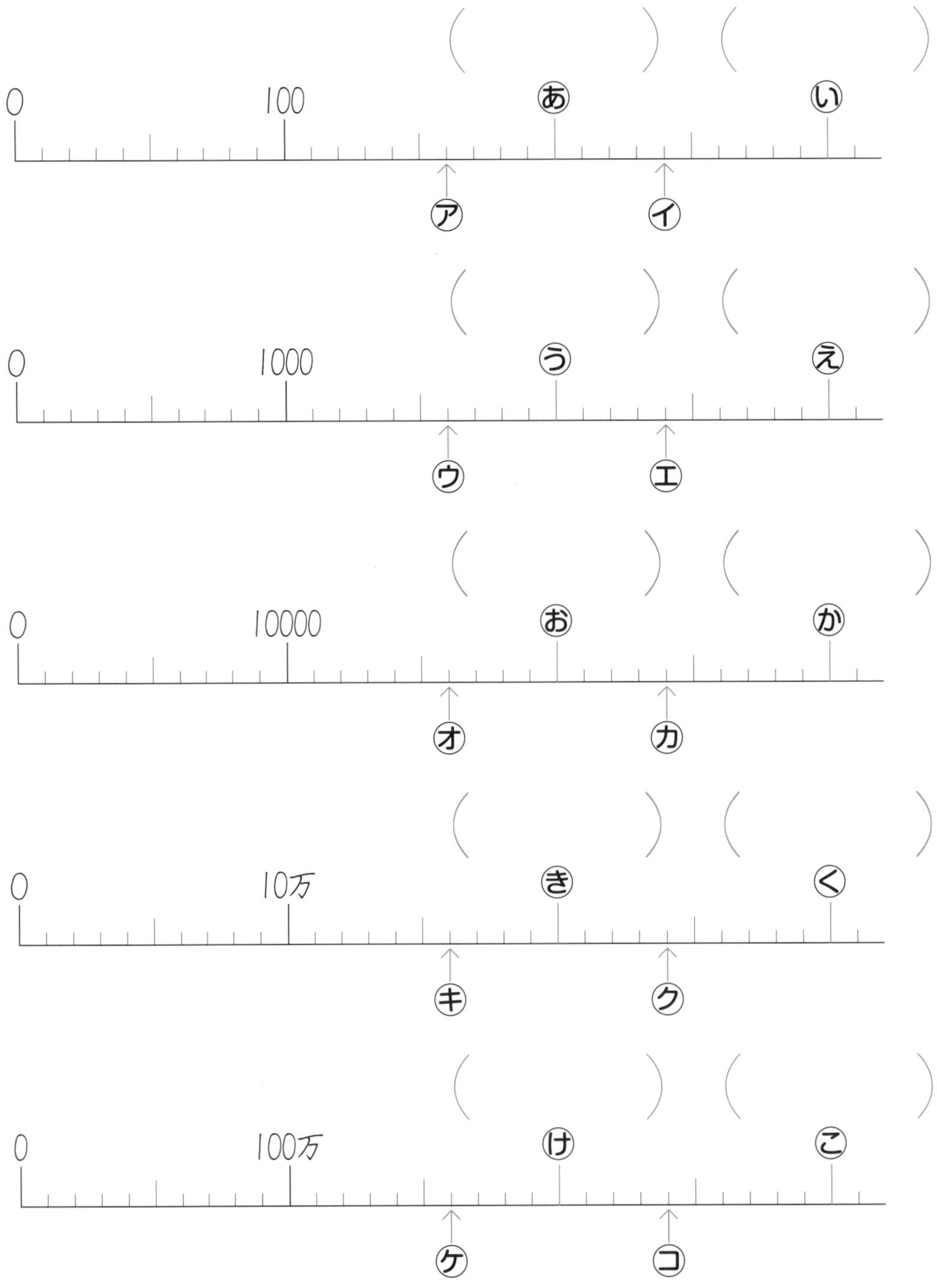

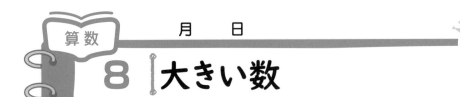

ヒント

日本の人口を10才ずつに分けると、0～9才はやく1100万人です。
多いのは40～49才でやく1880万人、次が60～69才のやく1700万人です。

② 数直線にある㋐～㋙の数をかきましょう。 （4点×10問）

㋐	㋑	㋒	㋓	㋔
㋕	㋖	㋗	㋘	㋙

2 次の表《ひょう》は、日本の人口です。（2015年10月）

日本の人口（人）	127094745
男子の人口（人）	61841738
女子の人口（人）	65253007

下のくらい取《ど》り表に、日本の人口、男子、女子の人口をかき入れて、その読み方を漢数字《かんすうじ》でかきましょう。 （10点×3問）

① 日本の人口

千	百	十	一	千	百	十	一	千	百	十	一
			億《おく》				万				

漢数字（　　　　　　　　　　）

② 男子の人口

千	百	十	一	千	百	十	一	千	百	十	一
			億				万				

漢数字（　　　　　　　　　　）

③ 女子の人口

千	百	十	一	千	百	十	一	千	百	十	一
			億				万				

漢数字（　　　　　　　　　　）

算数

月　　日

9 かけ算の筆《ひっ》算《さん》 (1)

とく点　　／100

1 次《つぎ》の計算をしましょう。　　（2点×15問）

① $\begin{array}{r} 45 \\ \times\ 7 \\ \hline \end{array}$

② $\begin{array}{r} 84 \\ \times\ 6 \\ \hline \end{array}$

③ $\begin{array}{r} 39 \\ \times\ 8 \\ \hline \end{array}$

④ $\begin{array}{r} 87 \\ \times\ 6 \\ \hline \end{array}$

⑤ $\begin{array}{r} 79 \\ \times\ 7 \\ \hline \end{array}$

⑥ $\begin{array}{r} 14 \\ \times\ 8 \\ \hline \end{array}$

⑦ $\begin{array}{r} 63 \\ \times\ 8 \\ \hline \end{array}$

⑧ $\begin{array}{r} 43 \\ \times\ 7 \\ \hline \end{array}$

⑨ $\begin{array}{r} 18 \\ \times\ 6 \\ \hline \end{array}$

⑩ $\begin{array}{r} 28 \\ \times\ 8 \\ \hline \end{array}$

⑪ $\begin{array}{r} 34 \\ \times\ 3 \\ \hline \end{array}$

⑫ $\begin{array}{r} 58 \\ \times\ 7 \\ \hline \end{array}$

⑬ $\begin{array}{r} 59 \\ \times\ 9 \\ \hline \end{array}$

⑭ $\begin{array}{r} 15 \\ \times\ 7 \\ \hline \end{array}$

⑮ $\begin{array}{r} 39 \\ \times\ 9 \\ \hline \end{array}$

ヒント

99×9＝891です。77×7＝539です。計算してみると、99×9のタイプより、77×7のタイプがむずかしいことがわかります。1はすべて77×7のタイプです。

2 次の計算をしましょう。2回くり上がります。（5点×6問）

① $246 \times 3 =$

② $297 \times 2 =$

③ $126 \times 6 =$

④ $135 \times 5 =$

⑤ $389 \times 2 =$

⑥ $245 \times 4 =$

3 次の計算をしましょう。3回くり上がります。（5点×8問）

① $758 \times 6 = 4548$

② $874 \times 9 =$

③ $946 \times 6 =$

④ $575 \times 5 =$

⑤ $563 \times 7 =$

⑥ $468 \times 5 =$

⑦ $748 \times 4 =$

⑧ $849 \times 8 =$

算数

月　　日

10 かけ算の筆《ひっ》算《さん》 (2)

とく点

／100

1 | こ46円のパンを68こ買います。代金《だいきん》は何円ですか。 (10点)

式《しき》

		4	6
	×	6	8

答え

2 次《つぎ》の計算をしましょう。 (6点×6問)

①

		3	7
	×	8	4

②

		2	3
	×	8	7

③

		4	9
	×	4	8

④

		2	7
	×	8	9

⑤

		3	8
	×	6	9

⑥

		1	8
	×	9	8

ヒント

かけ算は、かけられる数とかける数をいれかえて計算しても答えはかわりません。278×98をしたら、98×278もしてみましょう。

3 次の計算を筆算《ひっさん》でしましょう。

（6点×9問）

① 278×98

② 369×36

③ 189×67

④ 579×97

⑤ 178×89

⑥ 789×79

⑦ 888×67

⑧ 777×74

⑨ 668×68

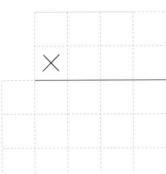

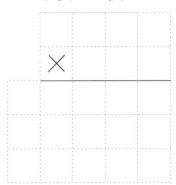

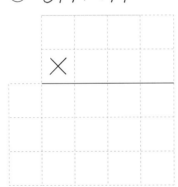

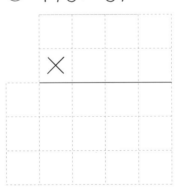

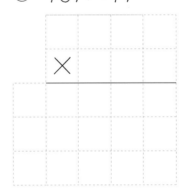

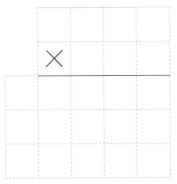

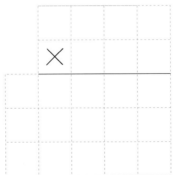

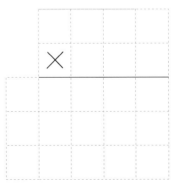

算数　　月　　日　　とく点

11 長さ

／100

1 次《つぎ》の□にあてはまることばや数をかきましょう。（4点×5問）

① 道にそってはかった長さを［　　　　］といいます。

② まっすぐにはかった長さを［　　　　］といいます。

③ 2km＝［　　　m］

④ 5km＝［　　　m］

⑤ 6000m＝［　　　km］

2 次の計算をしましょう。（5点×8問）

① 7km＋3km＝

② 4km＋2km＝

③ 3km＋8km＝

④ 5km＋8km＝

⑤ 10km－6km＝

⑥ 7km－2km＝

⑦ 12km－7km＝

⑧ 13km－5km＝

3 学校から駅《えき》までの道のりは、何km何mですか。（10点）

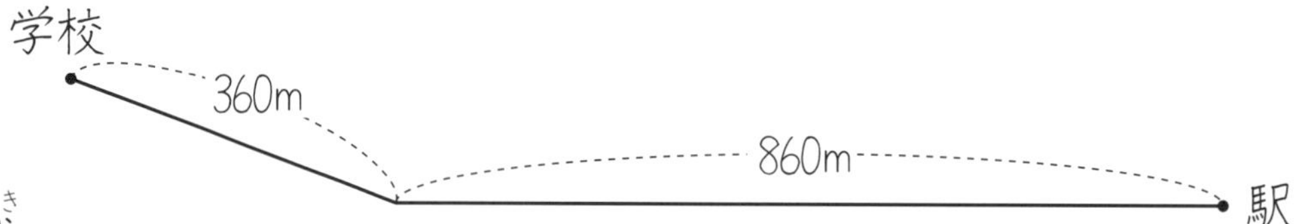

式《しき》

答え

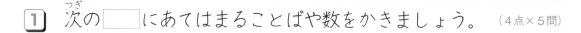

ヒント

駅《えき》から学校まで、まっすぐはかった長さをきょり、道にそってはかった長さを道のりといいます。「長いきょりを走る」は、道のりかきょりか、少しふしぎです。

4 原口さんの家から図書館《としょかん》へ行く道は、図のように4通りあります。

(10点×3問)

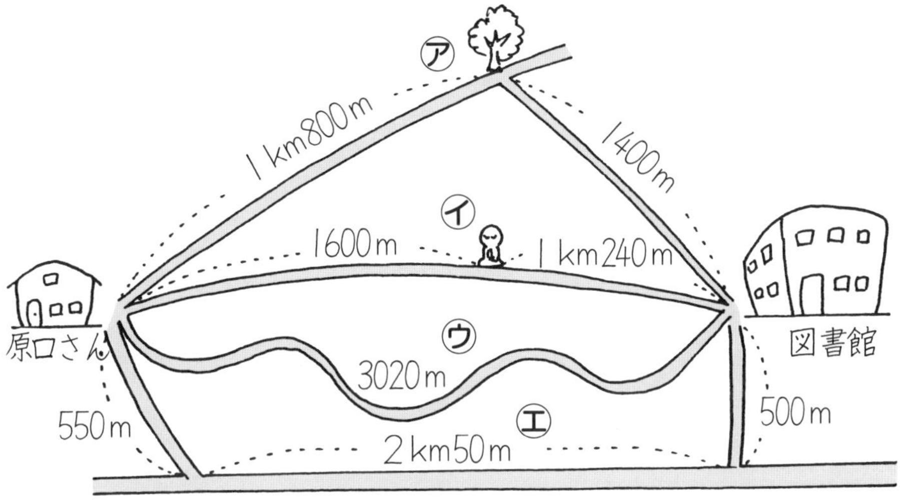

① ア～エのどの道が一番近いですか。
またそれは何km何mですか。

答え　　　　，

② アの道とエの道では、どちらが近いですか。
また何m短《みじか》いですか。

答え　　　　，

③ 行きはイの道を、帰りはウの道を通ることにします。
行きと帰りをあわせると何km何mですか。

答え

算数　　月　日　　とく点

12 小数 (1)

／100

1 (　　) の中のたんいにあわせ、小数にしてかきましょう。

(4点×5問)

① 5L4dL　(　　　　L)

② 7dL　(　　　　L)

③ 4cm6mm　(　　　　cm)

④ 4mm　(　　　　cm)

⑤ 4kg200g　(　　　　kg)

2 次《つぎ》の□にあてはまる数をかきましょう。　(4点×5問)

① 3.5は、0.1が□こ集《あつ》まった数です。

② 4.8は、0.1が□こ集まった数です。

③ 6は、0.1が□こ集まった数です。

④ 5は、0.1が□こ集まった数です。

⑤ 14.2は、0.1が□こ集まった数です。

ヒント

小数点のある数が小数です。0.7も0.24も3.5も10.2も小数です。

3 次の計算をしましょう

（3点×20問）

① $4.5 + 3.4$

② $1.3 + 2.2$

③ $3.6 + 0.2$

④ $6.1 + 0.5$

⑤ $0.6 + 2.3$

⑥ $0.1 + 2.5$

⑦ $0.3 + 0.2$

⑧ $0.7 + 0.1$

⑨ $0.4 + 0.8$

⑩ $0.5 + 0.7$

⑪ $4.6 - 2.3$

⑫ $9.7 - 3.2$

⑬ $3.7 - 0.4$

⑭ $5.9 - 0.7$

⑮ $0.8 - 0.2$

⑯ $0.7 - 0.5$

⑰ $0.9 - 0.3$

⑱ $0.6 - 0.2$

⑲ $3.8 - 1.7$

⑳ $5.3 - 5.2$

算数

月　日

13 小数 (2)

とく点

／100

1 次《つぎ》の計算をしましょう。　（２点×20問）

① 1.4 + 1.8	② 2.9 + 1.7	③ 0.8 + 4.5	④ 1.7 + 3.7
⑤ 3.6 + 2.5	⑥ 1.9 + 4.9	⑦ 6.8 + 0.3	⑧ 1.9 + 5.6
⑨ 5.2 + 2.9	⑩ 3.6 + 4.7	⑪ 6.7 + 2.8	⑫ 4.5 + 3.9
⑬ 8 + 5.3	⑭ 7 + 6.4	⑮ 5.9 + 9	⑯ 2.4 + 8
⑰ 3.4 + 6.6	⑱ 4.3 + 5.7	⑲ 6.1 + 4.9	⑳ 4.5 + 7.5

ヒント

「1.3Lのジュース」のように、長さ・重《おも》さ・かさなどは小数で表《あらわ》せます。1つずつ数えられるたまごや本を「1.3このたまご」「3.7さつの本」とはいえません。

2 重《おも》さ0.5kgのお皿《さら》に、2.6kgのくだものをのせました。あわせて何kgになりますか。 (20点)

式《しき》

答え

3 ジュースが1.2Lあります。新しいジュースを2L買ってきました。あわせて何Lありますか。 (20点)

式

答え

4 3.6mのテープに4.7mのテープをつなぎました。あわせて何mになりますか。 (20点)

式

答え

算数　　月　　日　　とく点

14 小数 (3)

／100

1 次《つぎ》の計算をしましょう。　（2点×20問）

① $9.4 - 6.7$

② $4.6 - 2.8$

③ $3.7 - 0.9$

④ $5.2 - 0.7$

⑤ $2.5 - 0.7$

⑥ $1.5 - 0.8$

⑦ $3.3 - 0.9$

⑧ $4.5 - 0.8$

⑨ $3.6 - 1.8$

⑩ $5.3 - 3.7$

⑪ $4.2 - 2.9$

⑫ $9.4 - 5.6$

⑬ $4.6 - 0.6$

⑭ $3.7 - 0.7$

⑮ $5.8 - 2.8$

⑯ $7.3 - 5.3$

⑰ $3.6 - 3$

⑱ $4.2 - 4$

⑲ $6.8 - 6$

⑳ $9.1 - 9$

ヒント

1.6kgと1.4kgの本の重《おも》さの合計は３kgです。1.6さつと1.4さつの本の合計はできません。1.6さつとか1.4さつの本はないからです。

2 7L入るバケツに、水が2.5L入っています。
水はあと何L入りますか。 (20点)

式《しき》

答え

3 0.5kgのお皿《さら》に、くだものをのせて重《おも》さをはかったら3.2kgありました。くだものの重さは何kgですか。 (20点)

式

答え

4 ジュースが1.2Lあります。0.4Lを飲《の》みました。
のこりは何Lありますか。 (20点)

式

答え

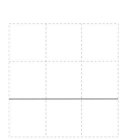

算数　月　日

とく点　／100

15 三角形

1 コンパスを使《つか》って、次《つぎ》の二等辺三角形《にとうへんさんかくけい》を２つかきましょう。

(10点×２問)

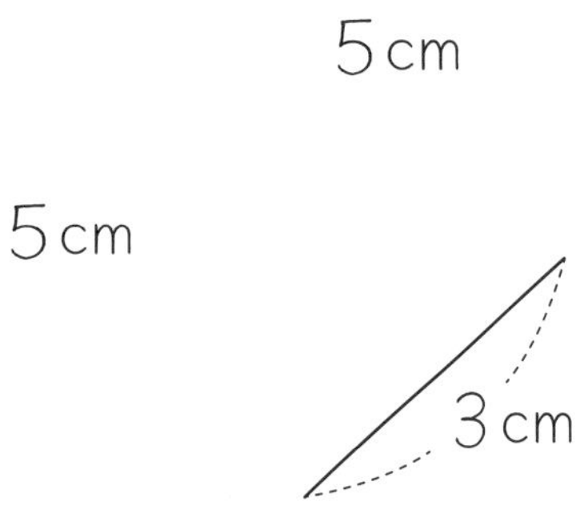

5cm
5cm
3cm

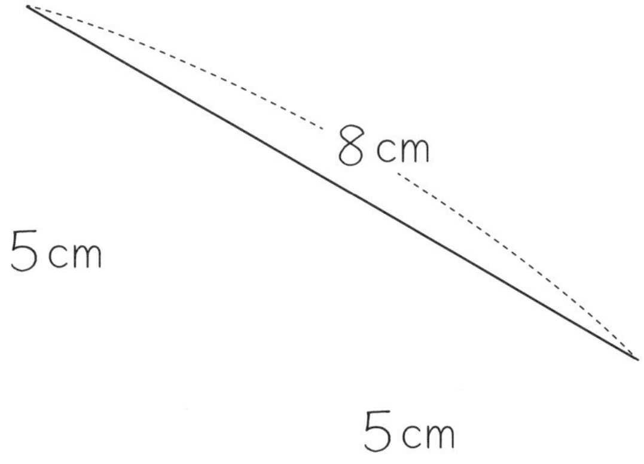

8cm
5cm
5cm

2 コンパスを使って、辺《へん》の長さが5cmの正三角形を３つかきましょう。

(10点×３問)

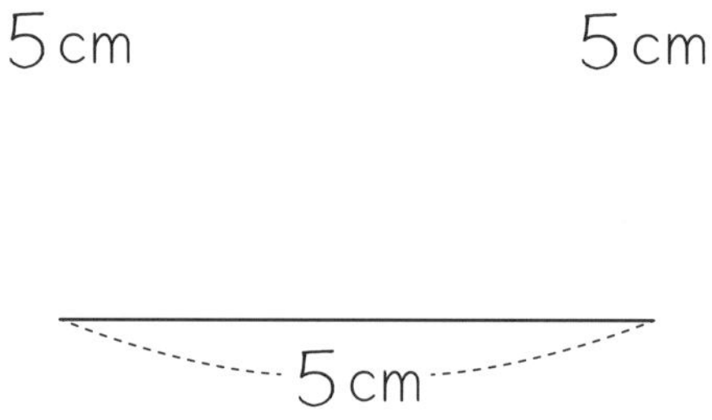

5cm
5cm
5cm

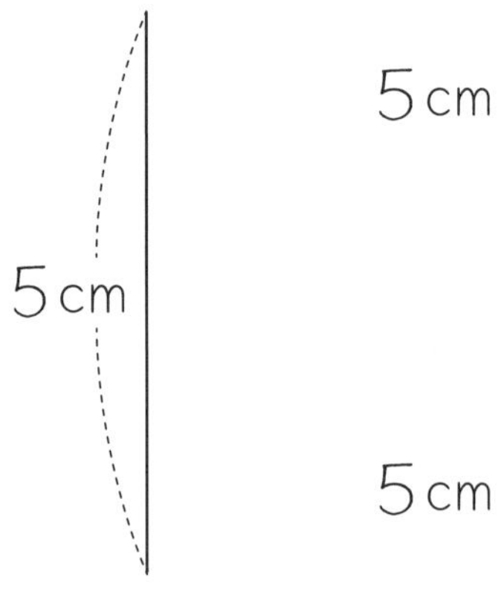

5cm
5cm
5cm

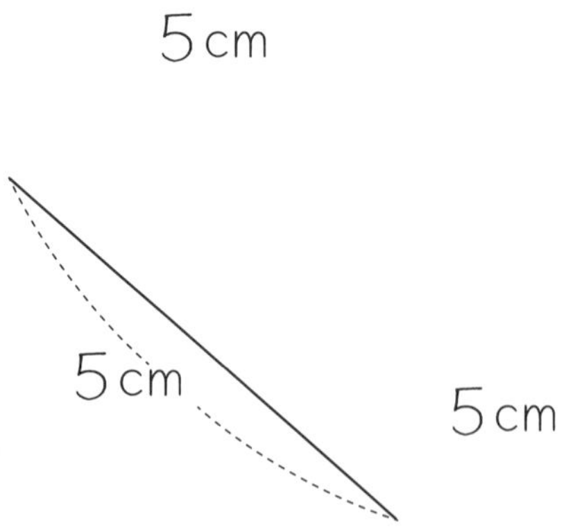

5cm
5cm
5cm

ヒント

3つの辺《へん》の長さが、3cm・4cm・5cmの三角形をかきましょう。
3cmの辺と4cmの辺の間の角は直角になります。

3 次の問《と》いに答えましょう。 （10点×２問）

① コンパスを使って、下のような正三角形の図を右にかきましょう。点㋐、㋑、㋒は、辺のまん中にあります。

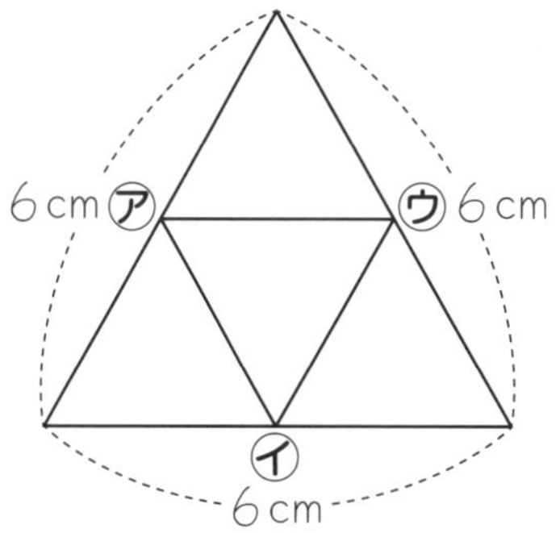

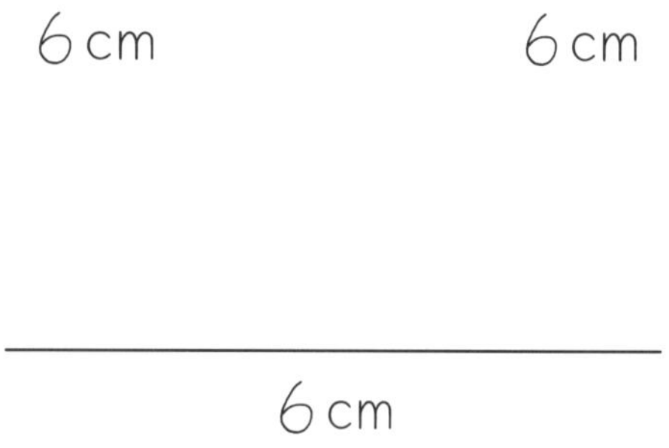

② 上の図の中に、正三角形はいくつありますか。

答え

4 次の三角形は何という三角形ですか。名前をかきましょう。 （10点×３問）

① 3つの辺の長さが、6cm、6cm、4cmの三角形。

答え

② 3つの辺の長さが、6cm、6cm、6cmの三角形。

答え

③ 3つの角の大きさが等《ひと》しい三角形。

答え

算数 月 日 とく点

16 分数

/100

1 どちらの数が大きいですか。大きい方に○をつけましょう。（4点×2問）

① $\frac{1}{5}$（　　）　$\frac{2}{5}$（　　）　② $\frac{5}{7}$（　　）　$\frac{4}{7}$（　　）

2 大きいじゅんにならべましょう。（4点）

$\frac{3}{7}$, $\frac{5}{7}$, $\frac{1}{7}$, $\frac{2}{7}$

＿＿＿＿＿＿＿＿＿＿

3 分母が10の分数を数直線に表《あらわ》して、小数とくらべました。

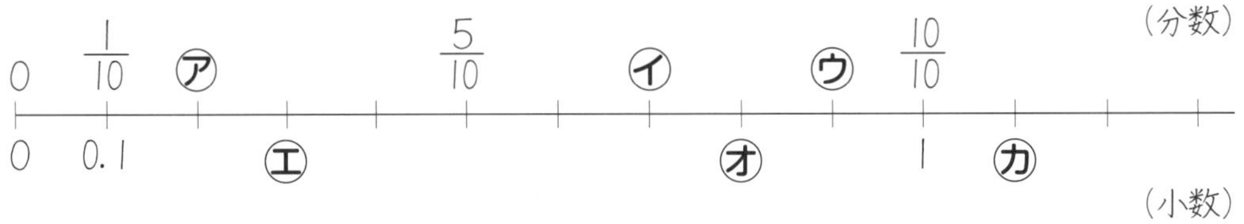

① ア、イ、ウにあてはまる分数は何ですか。（4点×3問）

ア＿＿＿＿　イ＿＿＿＿　ウ＿＿＿＿

② エ、オ、カにあてはまる小数は何ですか。（4点×3問）

エ＿＿＿＿　オ＿＿＿＿　カ＿＿＿＿

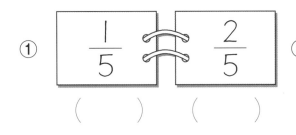

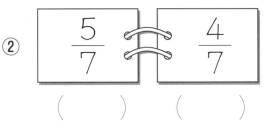

ヒント

長さ12cmのテープを４本用意《ようい》して、$\frac{1}{2}$のテープ、$\frac{1}{3}$のテープ、$\frac{1}{4}$のテープ、$\frac{1}{6}$のテープを作ってみましょう。

4 次《つぎ》の計算をしましょう。　（４点×16問）

① $\frac{2}{6}+\frac{2}{6}=$

② $\frac{1}{5}+\frac{2}{5}=$

③ $\frac{1}{7}+\frac{3}{7}=$

④ $\frac{3}{8}+\frac{2}{8}=$

⑤ $\frac{3}{10}+\frac{2}{10}=$

⑥ $\frac{4}{9}+\frac{4}{9}=$

⑦ $\frac{1}{8}+\frac{6}{8}=$

⑧ $\frac{3}{6}+\frac{1}{6}=$

⑨ $\frac{8}{11}-\frac{5}{11}=$

⑩ $\frac{7}{9}-\frac{3}{9}=$

⑪ $\frac{7}{8}-\frac{5}{8}=$

⑫ $\frac{8}{9}-\frac{3}{9}=$

⑬ $\frac{7}{10}-\frac{4}{10}=$

⑭ $\frac{3}{5}-\frac{1}{5}=$

⑮ $\frac{8}{10}-\frac{2}{10}=$

⑯ $\frac{6}{8}-\frac{3}{8}=$

算数　月　日

17 □を使《つか》った式

とく点　／100

1 次《つぎ》の文を読んで式《しき》をかきましょう。 (10点×4問)

① えんぴつを12本持《も》っていました。兄から□本もらったので、全部《ぜんぶ》で20本になりました。

式　12＋□＝

② えんぴつを□本持っていました。弟に5本あげたので、のこりは9本になりました。

式　□－5

③ えんぴつが、□本ずつ入った箱《はこ》が4こあります。えんぴつは全部で48本ありました。

式　□×4

④ 30本のえんぴつを、1人□本ずつわたすと6人に配《くば》れました。

式　30÷□＝

ヒント

問題文《もんだいぶん》のとおりに、数と□を記号《きごう》（＋－×÷＝）でつなぎます。

2 えんぴつを13本持っていました。兄から何本かもらったので全部で20本になりました。
兄からもらった本数を□本として、たし算の式をかきましょう。
（15点）

式

3 42本のえんぴつを、同じ数ずつわたすと6人に配れました。1人にわたす数を□本として、わり算の式をかきましょう。（15点）

式

4 えんぴつを何本か持っていました。弟に5本あげたので、のこりは11本になりました。
はじめに持っていたえんぴつの本数を□本として、ひき算の式をかきましょう。
（15点）

式

5 えんぴつが同じ数ずつ入った箱が4こあります。えんぴつは、全部で40本ありました。
箱に入った数を□本として、かけ算の式をかきましょう。
（15点）

式

算数　　月　日

18 表《ひょう》とグラフ

とく点　／100

1 次《つぎ》の表《ひょう》は、岩田さんが４日間、読書した時間のぼうグラフです。

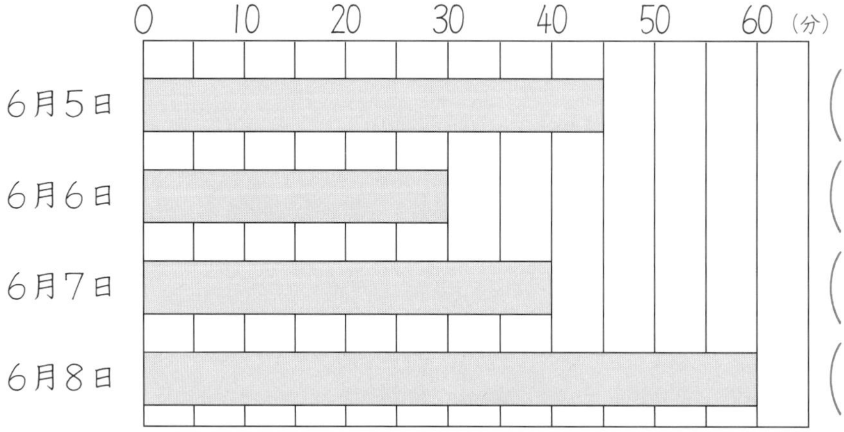

（　　　）
（　　　）
（　　　）
（　　　）

① １目もりは、何分を表《あらわ》していますか。（5点）　答え

② それぞれの日の読書した時間を（　　）にかきましょう。（20点）

2 青山さんの読書した時間の表を、グラフにしましょう。（35点）

読書した時間

曜日	時間(分)
日	60
月	45
火	40
水	30
木	35
金	25
土	40

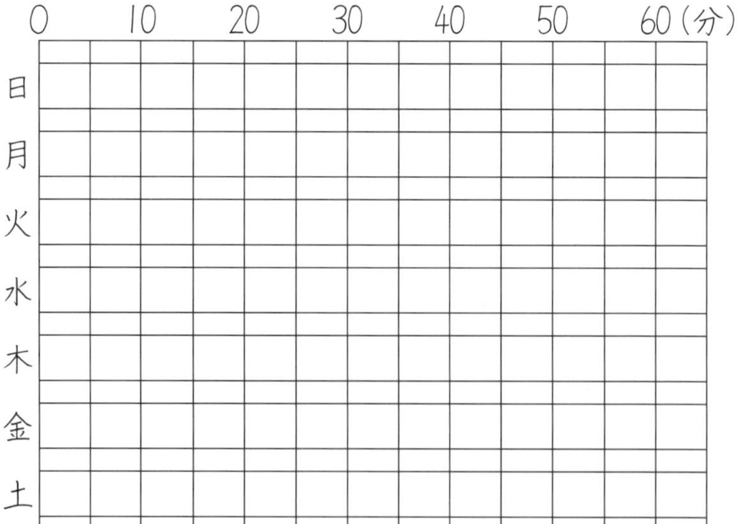

ヒント

ぼうグラフは、見ただけで大小がわかります。大きさのちがいは目もりで読みとれます。

3 次の表を見て、ぼうグラフをつくりましょう。（10点×４問）

すきな色調《しら》べ

色	赤	青	黄	緑《みどり》	ピンク	その他《た》
人数（人）	12	14	5	9	6	4

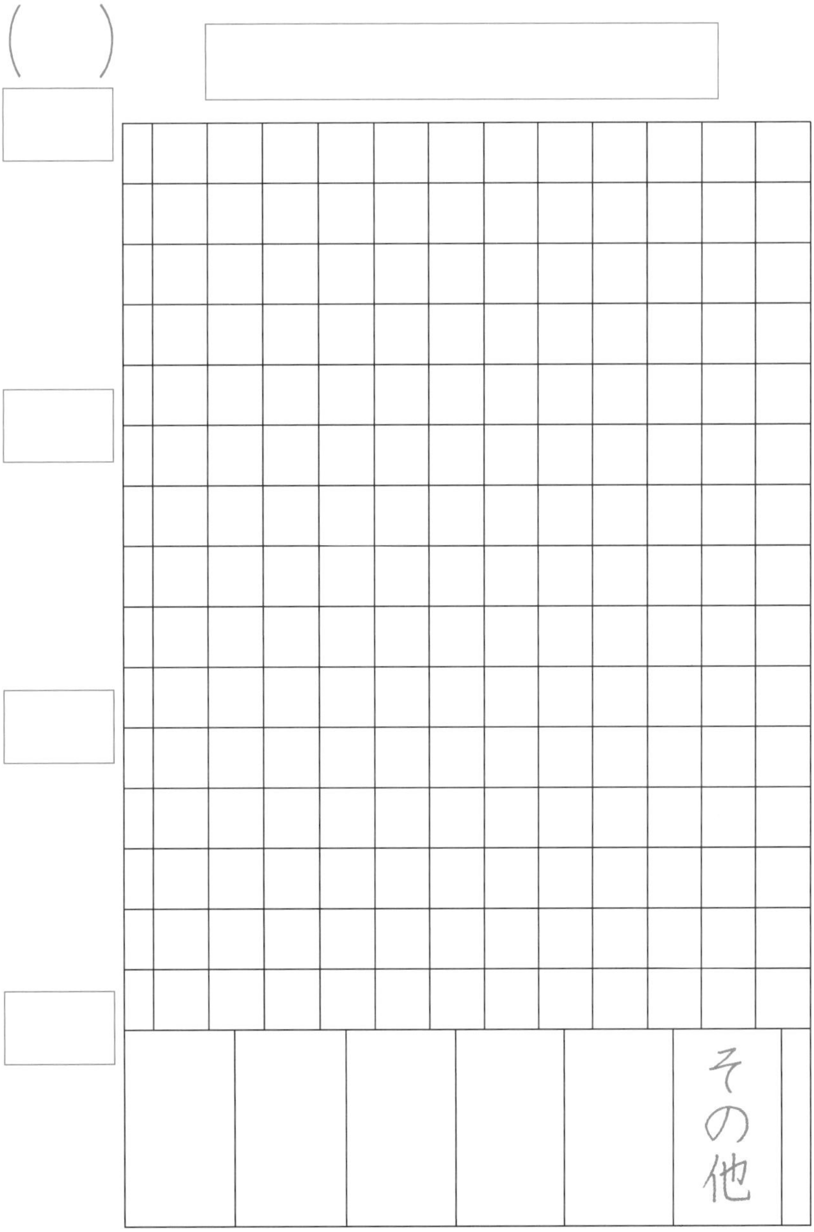

① 表題《ひょうだい》をかきます。

② たてのじくに、目もりの数字とたんいをかきます。

③ 多いじゅんに色のしゅるいをかきます。

④ 人数にあわせて、ぼうをかきます。

算数　　月　　日　　とく点

19 重《おも》さ

／100

1 次《つぎ》のはかりの㋐〜㋔の重《おも》さは何gですか。（4点×5問）

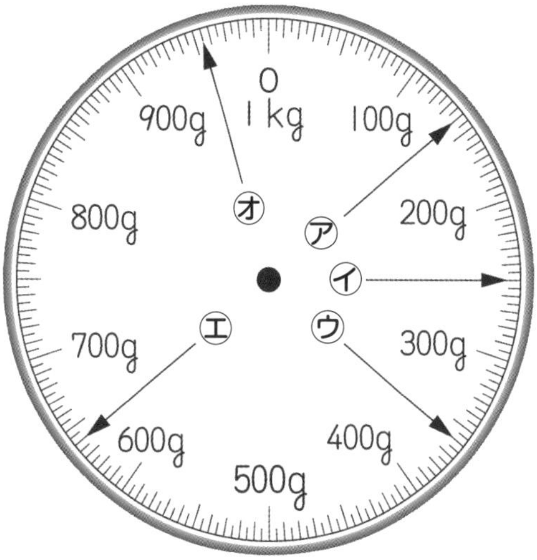

㋐ ＿＿＿＿＿＿

㋑ ＿＿＿＿＿＿

㋒ ＿＿＿＿＿＿

㋓ ＿＿＿＿＿＿

㋔ ＿＿＿＿＿＿

2 次のはかりのはりを読みましょう。（4点×2問）

①

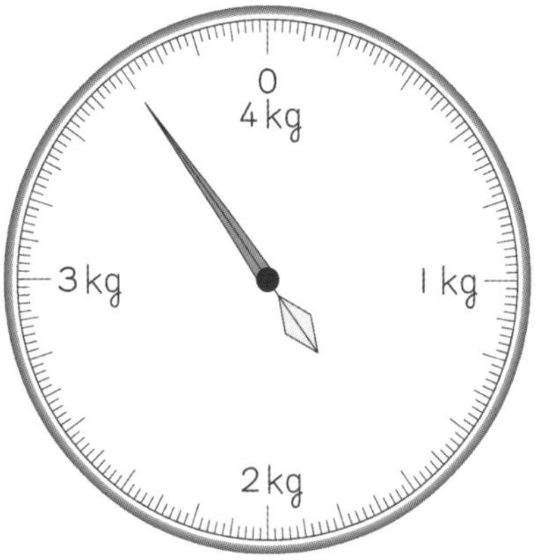

kg　　g

②

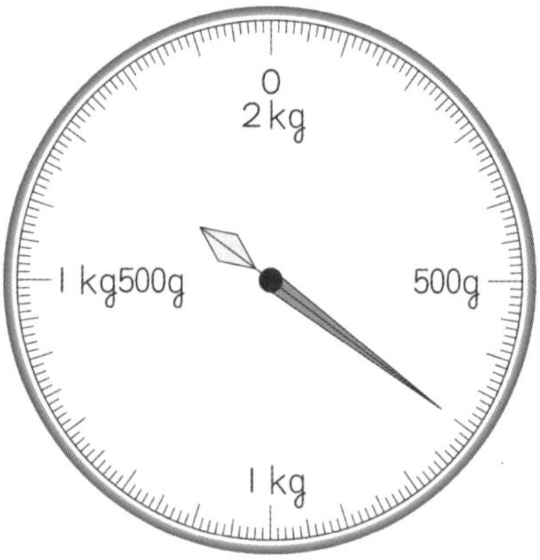

3 （　　）にあてはまるたんい（g、kg）をかきましょう。（3点×4問）

① けしゴム　17（　　）　② こねこ　1（　　）

③ 計算ドリル　140（　　）　④ すもうとり　200（　　）

ヒント

はかりは重《おも》さをはかる道具《どうぐ》です。はかるものの重さに合うはかりをえらぶことが大切です。

4 水１Lの重さは１kgです。次の水のかさは何kgですか。

（４点×２問）

① 5L □ kg　　② 10L □ kg

5 次のかさの水は何gですか。

（４点×４問）

① 2dL □ g　　② 2mL □ g

③ 5dL □ g　　④ 350mL □ g

◉1000Lの水の重さは1000kgです。1000kgを１t《トン》といいます。

6 次の重さをtでかきましょう。

（４点×６問）

① 3000kg＝　　② 7000kg＝

③ 20000kg＝　　④ 40000kg＝

⑤ 54000kg＝　　⑥ 68000kg＝

7 水のかさと重さについて答えましょう。

（４点×３問）

① 水で5000Lの重さは何tですか。

答え ＿＿＿＿＿＿

② 水で4500Lの重さは何t何kgですですか。

答え ＿＿＿＿＿＿

③ 水で４tは、何Lですか。

答え ＿＿＿＿＿＿

理科　　月　　日

1　草花を育《そだ》てよう (1)

とく点　　／100

1 次《つぎ》の文で、正しいものには○、まちがっているものには×をつけましょう。 （5点×6問）

① （　　） たねをまくと、すぐにひりょうを入れます。

② （　　） たねをまいたら土をかぶせ、水をやります。

③ （　　） 土の中からめが出ると、さいしょに子葉《しよう》が出ます。

④ （　　） 土の中からめが出ると、さいしょにつぼみが出ます。

⑤ （　　） どの草花もたねの色、形、大きさは同じです。

⑥ （　　） 草花によって葉《は》の形はちがいます。

2 次の花のたねは、どれですか。［　　］からえらんで、記号《きごう》でかきましょう。 （5点×4問）

ホウセンカ

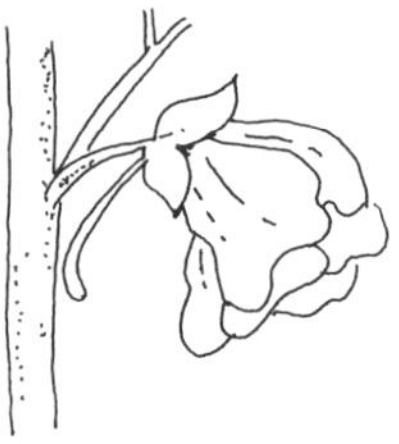

① （　　）

アサガオ

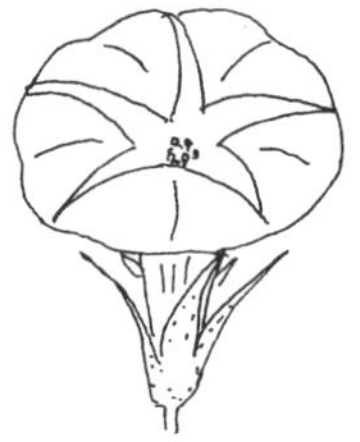

② （　　）

マリーゴールド

③ （　　）

ヒマワリ

④ （　　）

ア

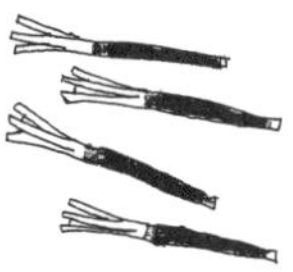

イ

ウ

エ

ヒント

花だんの草花は花を見て楽しみます。畑《はたけ》のやさいは食べます。
春の七草は食べますが、秋の七草は花を見て楽しみます。

3 ヒマワリのめが出ました。
図の①～④の部分《ぶぶん》の名前をかきましょう。（５点×４問）

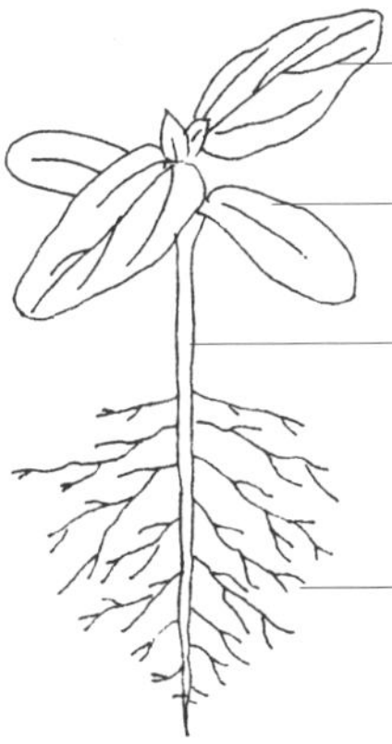

（①　　　　）
（②　　　　）
（③　　　　）
（④　　　　）

4 次の文は、虫めがねの使《つか》い方について書いてあります。
文の（　　）にあてはまる言葉《ことば》を［　　］からえらんでかきましょう。

（５点×６問）

(1) （①　　　）に持《も》ったものを見るときは、（②　　　　　）を（③　　　　　）に近づけ、（④　　　　　）にはっきり見えるところで見るものを止めます。

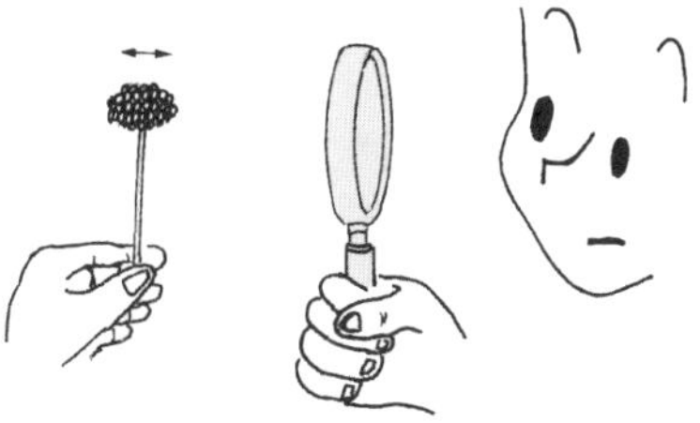

［ 虫めがね　目　見るもの　手 ］

(2) （①　　　　　）が動《うご》かせないときは、（②　　　　　）を動かして、はっきり見えるところで止めます。

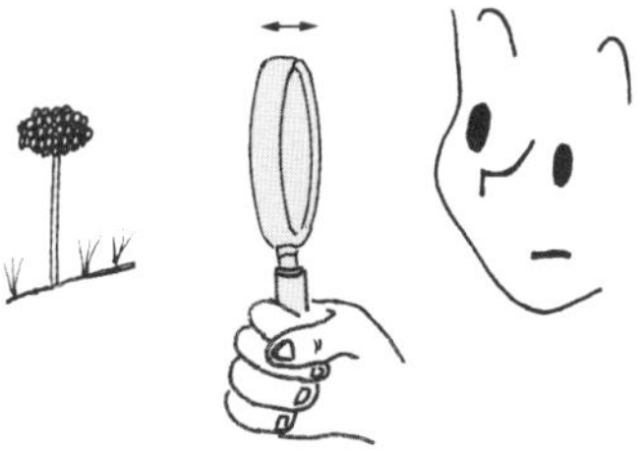

［ 虫めがね　見るもの ］

理科　　月　　日　　とく点

2　草花を育《そだ》てよう (2)

／100

1　次《つぎ》のかんさつきろくを見て、あとの問《と》いに答えましょう。

(①〜⑧5点、⑨10点)

ヒマワリの葉《は》

5月10日（晴れ）　学級園《がっきゅうえん》

春野　かおり

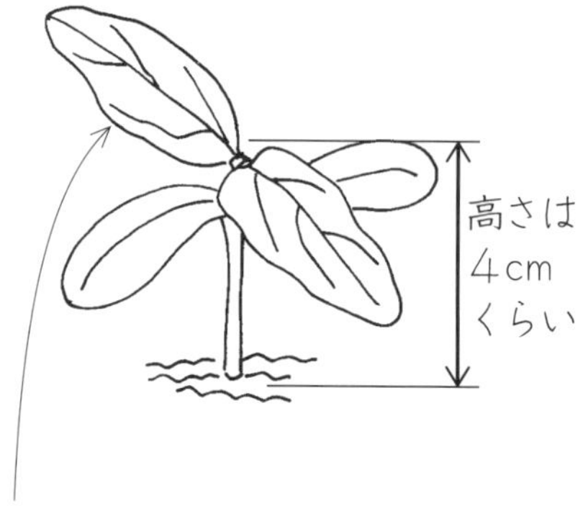

葉が2まい出ました。

子葉《しよう》とは形がちがいます。

子葉よりも大きいです。

① 何のかんさつをしましたか。

(　　　　　　)

② かんさつした日はいつですか。

(　　　　　　)

③ その日の天気は何ですか。

(　　　　　　)

④ かんさつした場所《ばしょ》はどこですか。

(　　　　　　)

⑤ このかんさつきろくをかいたのはだれですか。

(　　　　　　)

⑥ 葉は何まい出ましたか。(　　　　　　)

⑦ その日のヒマワリの高さは何cmくらいですか。(　　　　　　)

⑧ さいしょに出た葉は、何といいますか。(　　　　　　)

⑨ ⑥の葉と⑧の葉は、どこがちがいますか。2つかきましょう。

(　　　　　　)(　　　　　　)

ヒント

多くの草花の一生は、たね→花→実《み》・たねです。草花にとってだいじなことは、新しいタネを作ることです。

2 ヒマワリの育《そだ》っていくじゅんに、番号《ばんごう》をかきましょう。（5点×5問）

①
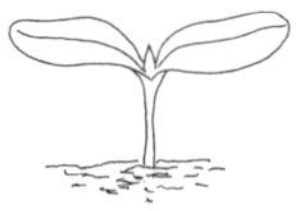
（　　　）

②

（　　　）

③

（　　　）

④
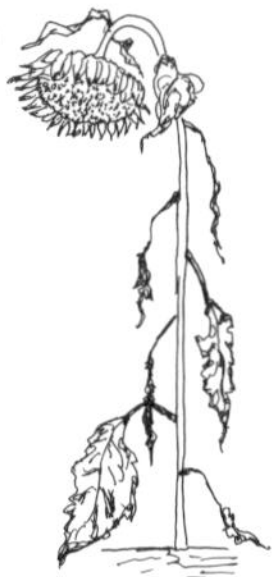
（　　　）

⑤

（　　　）

3 次の（　　）にあてはまる言葉《ことば》を［　　］からえらんでかきましょう。（5点×5問）

ヒマワリのたねは、指《ゆび》で土に（①　　　　）をあけて（②　　　　）ずつ入れ、（③　　　　）をかけます。

たねを入れるあなのふかさは、（④　　　　）cmくらいで、たねとたねの間は、（⑤　　　　）cmくらいあけます。

土	1つぶ	50	2	あな

理科　　月　日

3　こん虫をさがそう（1）

とく点　／100

1 次《つぎ》の（　　）にあてはまる言葉《ことば》を［　　］からえらんでかきましょう。

（5点×6問）

たまごからかえったばかりのモンシロチョウのよう虫は、はじめに（①　　　　　）を食べます。

その後、よう虫は（②　　　　　）などの葉《は》を食べて、からだの色が（③　　　　　）にかわります。

よう虫は、からだの（④　　　　　）を（⑤　　　　　）ぬいで大きくなります。さいごに皮《かわ》をぬいで（⑥　　　　　）になります。

さなぎ	皮	たまごのから	緑色《みどりいろ》	キャベツ	4回

2 次の図は、こん虫のよう虫とせい虫を表《あらわ》したものです。①～④のこん虫の名前を［　　］からえらんでかきましょう。

（5点×4問）

①
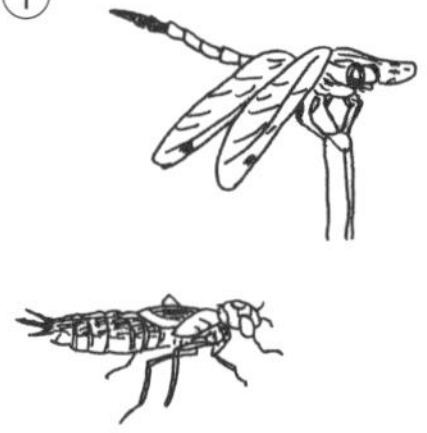

②
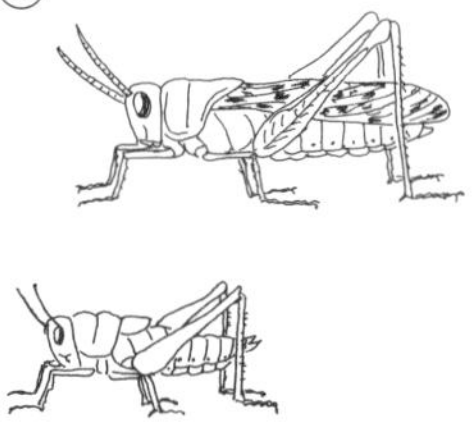

③
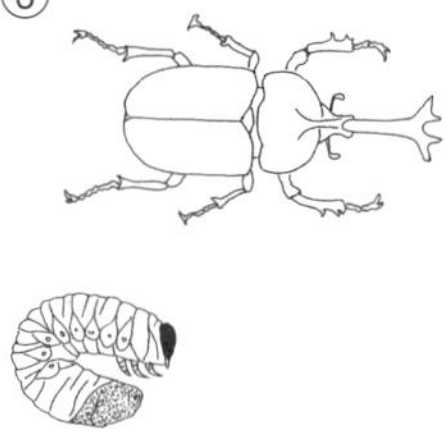

④
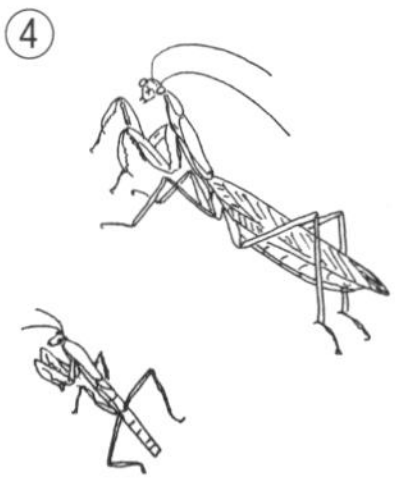

オオカマキリ	シオカラトンボ	トノサマバッタ	カブトムシ

①（　　　　　）　②（　　　　　）

③（　　　　　）　④（　　　　　）

地球上の生物の種類《しゅるい》はやく175万しゅありますが、やく95万しゅがこん虫です。

ヒント

3 モンシロチョウとアゲハについて、後の問《と》いに答えましょう。

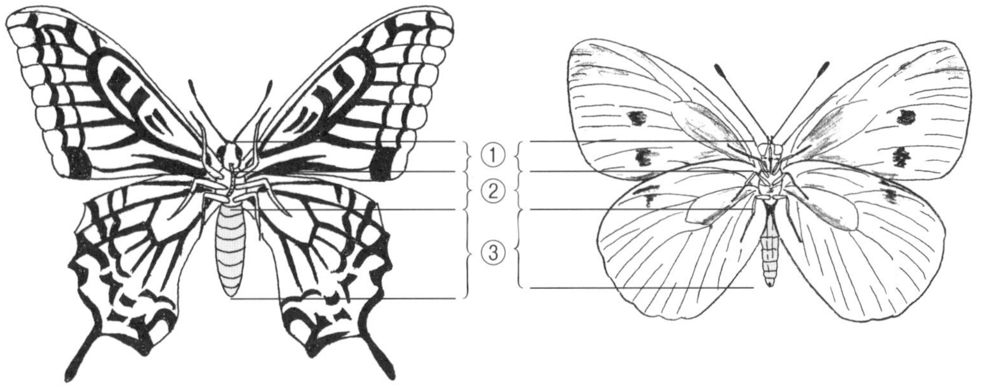

㋐（　　　　　　　　）　　㋑（　　　　　　　　）

(1) ㋐、㋑のチョウの名前を（　　）にかきましょう。　（10点）

(2) 図の①～③の部分《ぶぶん》の名前を［　　］からえらんでかきましょう。　（5点×3問）

①（　　　　　）　②（　　　　　）　③（　　　　　）

［あたま　はら　むね］

(3) チョウのあしの数とはねの数をかきましょう。　（10点）

あし（　　　本）　はね（　　　まい）

(4) あたまの部分にあるもの3つに○をつけましょう。　（15点）

①（　　）口　②（　　）目

③（　　）はね　④（　　）しょっ角

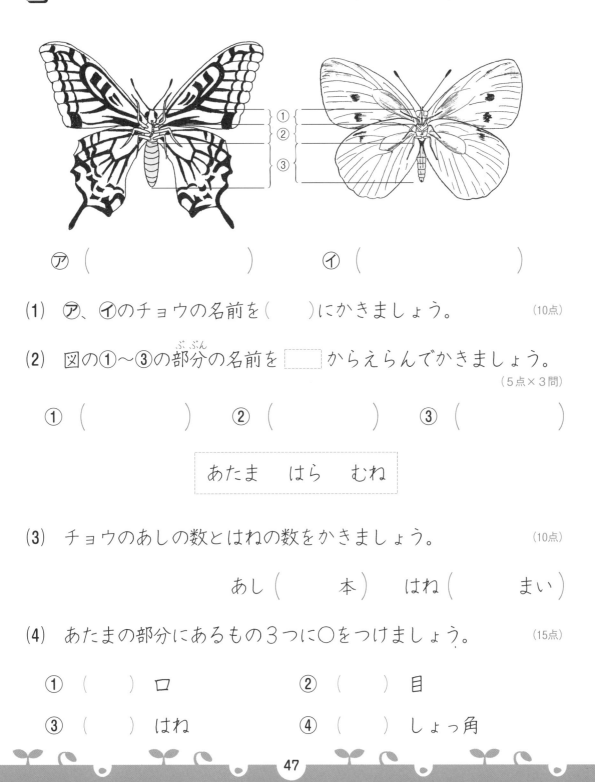

月　日

4 こん虫をさがそう (2)

とく点　／100

1 次《つぎ》のこん虫の育《そだ》ち方で、それぞれのときの名前（たまご、よう虫、さなぎ、せい虫）をかきましょう。（5点×8問）

カブトムシ

㋐　㋑　㋒　㋓

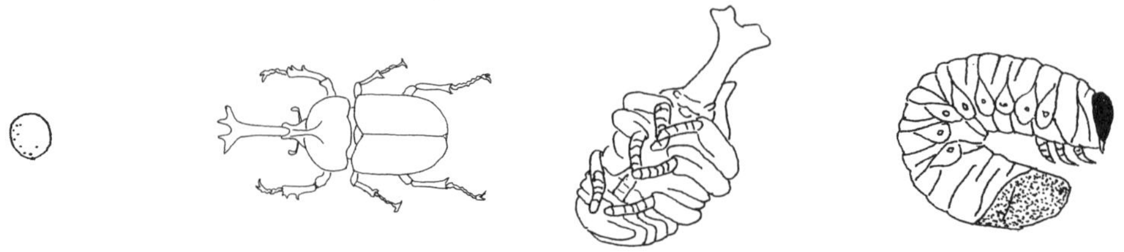

（　　　）（　　　）（　　　）（　　　）

モンシロチョウ

㋕　㋖　㋗　㋘

（　　　）（　　　）（　　　）（　　　）

2 こん虫のからだのつくりはどれですか。3つえらびましょう。（15点）

①　②　③　④　⑤

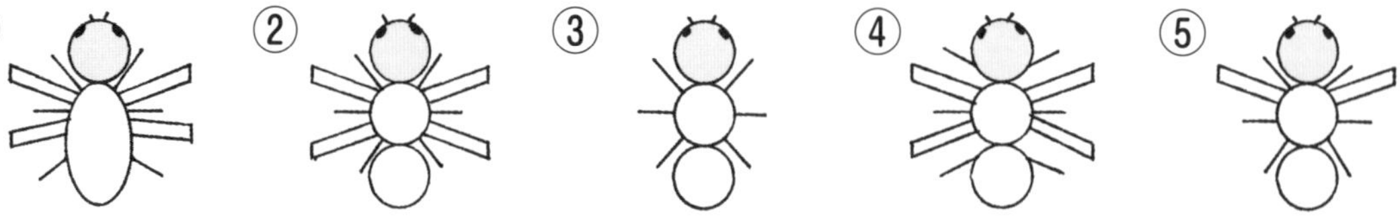

（　　　）

ヒント

チョウやガは、たまご→よう虫→さなぎ→せい虫と成長します。
トンボやバッタは、たまご→よう虫→せい虫と成長します。

3 図を見て、後の問《と》いに答えましょう。

(1) ①～③の部分《ぶぶん》の名前をかきましょう。（5点×3問）

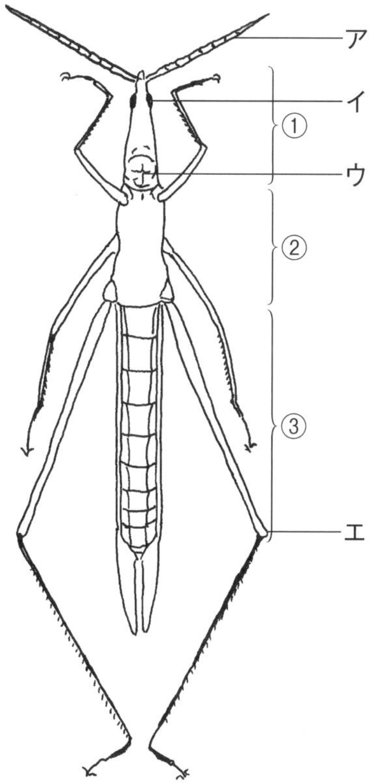

① （　　　　）
② （　　　　）
③ （　　　　）

(2) ㋐～㋓の名前を [　　] からえらんで、その数もかきましょう。（5点×4問）

㋐ （　　　　が　　本）
㋑ （　　　　が　　こ）
㋒ （　　　　が　　こ）
㋓ （　　　　が　　本）

目　あし　口　はね　しょっ角

4 クモの図を見て、あとの問いに答えましょう。（5点×2問）

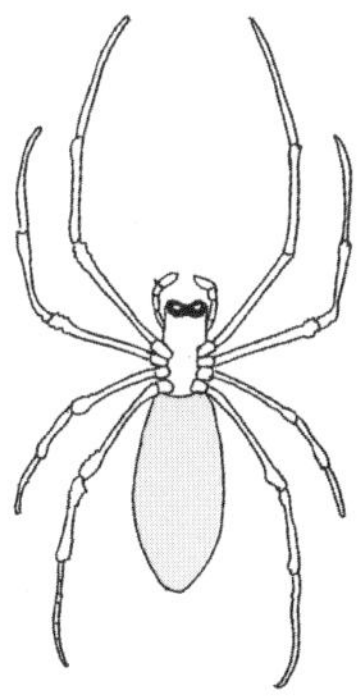

① クモのからだは、いくつに分かれていますか。

（　　　　）

② クモのあしは、何本ありますか。

（　　　　）

理科　　月　　日　　とく点

5 風やゴムのはたらき

／100

1 次《つぎ》の(　　　)にあてはまる言葉《ことば》を［　　］からえらんでかきましょう。

（5点×6問）

風には力があります。人のいきを、もえているローソクの火にふきかけて(①　　　　　)ことができます。

せんこうのけむりが、そっと(②　　　　　)ような(③　　　　　)力から、台風のように木を(④　　　　　)り、屋根《やね》の(⑤　　　　　)をとばしたりするような(⑥　　　　　)力まであります。

動く	たおした	消《け》す	小さな	大きな	かわら

2 ふき流《なが》しをつくり、せん風きの風の強さの実《じっ》けんをしました。せん風きのスイッチは、強・中・弱・切のどれですか。

（5点×4問）

①(　　　　)　②(　　　　)　③(　　　　)　④(　　　　)

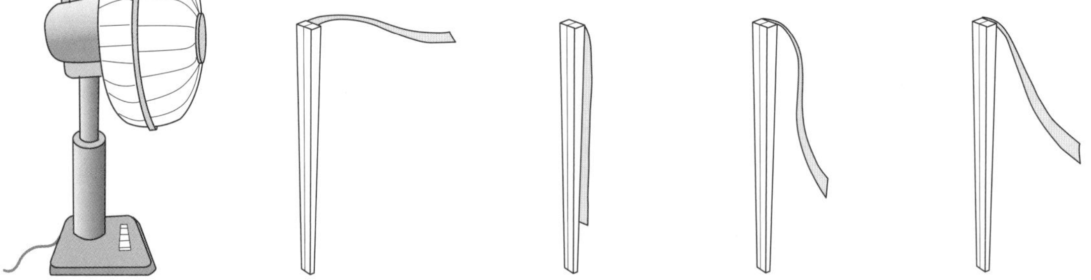

空気が流《なが》れ動《うご》くのが風です。そよ風、春風、北風、山風、空《から》っ風《かぜ》、強風、台風などがあります。春一番もたつまきも風です。

ヒント

3 次の文は、風についてかかれています。正しいものには○、まちがっているものには×をかきましょう。 （6点×5問）

① （　　） 風りんは、風の力をりようして音を出します。
② （　　） 台風でかわらがとぶこともあります。
③ （　　） 風が強いと、こいのぼりがよく泳《およ》ぎます。
④ （　　） うちわでは、風はつくれません。
⑤ （　　） 人のはくいきは、風にはなりません。

4 次の車は、㋐、㋑、㋒、㋓のうちどこから風がくると、よく動きますか。 （5点）

（　　）

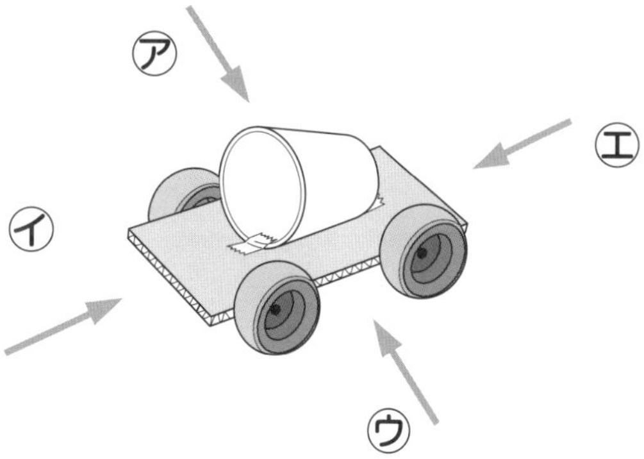

だんボール紙と紙コップの車

5 次の文は、ゴムの力についてかかれています。正しいものには○、まちがっているものには×をかきましょう。 （5点×4問）

① （　　） ゴムは、たくさんひっぱればひっぱるほど、たくさんもどろうとします。
② （　　） ゴムは、ねじっても元にもどろうとする力がはたらきます。
③ （　　） ゴムは、たくさんひっぱっても、ぜったいに切れません。
④ （　　） わゴムを２本にすると、ゴムの元にもどろうとする力も２倍《ばい》になります。

理科　　月　　日　　とく点　　／100

6　かげと太陽《たいよう》

1　次《つぎ》の(　　)にあてはまる言葉《ことば》を□からえらんでかきましょう。　（5点×4問）

太陽《たいよう》の光を(①　　　　)ものがあると、(②　　　　)ができます。かげは、(③　　　　)と反対《はんたい》がわにできます。人やものが動《うご》くとかげも(④　　　　)ます。

動き	かげ	太陽	さえぎる

2　太陽と太陽によってできるかげについて、正しいものには○、まちがっているものには×をつけましょう。　（5点×6問）

① (　　)　校しゃのかげの中に入っても人のかげができます。

② (　　)　かげは、太陽に向《む》かって反対がわにできます。

③ (　　)　同じ木のかげは、太陽の動く方向へ動いていきます。

④ (　　)　太陽は東から西へ、かげは西から東へ動いていきます。

⑤ (　　)　地面《じめん》においたボールのかげは、正しい円の形です。

⑥ (　　)　電線がゆれると、電線のかげも動きます。

ヒント

日本では、太陽《たいよう》が南よりの空を通るので、かげは北にできます。南《みなみ》半球《はんきゅう》のオーストラリアでは、かげは南にできる所《ところ》が多いです。

3 図のように、日なたと日かげの地面のあたたかさのちがいを、手でさわってくらべます。（（　）1つ5点）

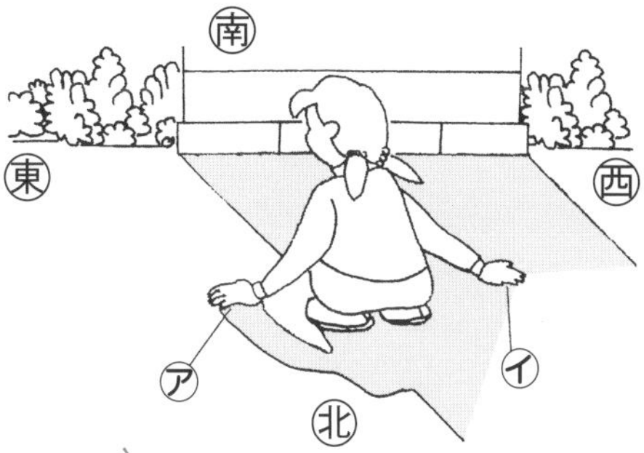

(1) ㋐と㋑では日なたと日かげはどちらですか。

㋐（　　　　　）　㋑（　　　　　）

(2) 地面があたたかいのは、㋐か㋑のどちらですか。（　　　）

(3) 図は午前10時のかげです。時間がたつと㋑は、日なたになりますか。それとも日かげのままですか。（　　　　　）

4 かげふみあそびの絵を見て、後の問《と》いに答えましょう。（（　）1つ5点）

(1) かげの向きが正しくない人が2人います。何番と何番ですか。

（　　　）（　　　）

(2) かげのできない人が2人います。何番と何番ですか。

（　　　）（　　　）

(3) 木のかげは、この後㋐、㋑のどちらへ動きますか。（　　　）

(4) たてもののかげは、この後㋒、㋓のどちらへ動きますか。

（　　　）

7　光であそぼう

とく点　／100

1 かがみで日光をはね返《かえ》して、かべにうつしています。次《つぎ》の（　　）にあてはまる言葉《ことば》を□からえらんでかきましょう。

（5点×7問）

(1) かがみで（①　　　　）をはね返すことができ、その光はまっすぐ進《すす》みます。そして、光のあたったところは（②　　　　）なります。
太陽《たいよう》を直せつ見ると（③　　　　）をいためます。だから、はね返った光を、人の（④　　　　）にあててはいけません。

目　　顔　　日光　　明るく

(2) 丸いかがみで日光をはね返すと（①　　　　）く、四角いかがみなら（②　　　　）く、三角のかがみなら（③　　　　）にうつります。

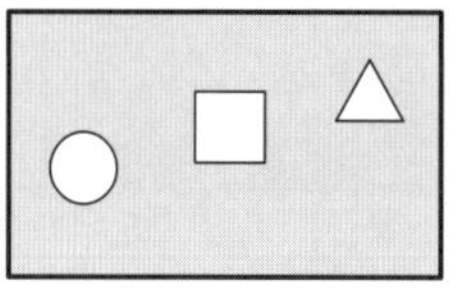

四角　　三角　　丸

2 図を見て、後の問《と》いに答えましょう。

（5点×3問）

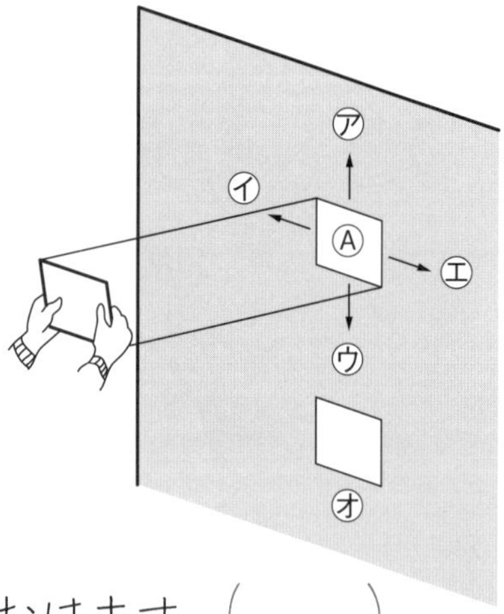

(1) かがみを上にかたむけると、Ⓐはどの方向《ほうこう》に動《うご》きますか。（　　）

(2) かがみを右にかたむけると、Ⓐはどの方向に動きますか。（　　）

(3) Ⓐを㋔のところに動かすには、かがみをどちらへかたむけますか。

① 左にかたむけます。　② 下にかたむけます。（　　）

ヒント

丸かがみのまん中に星の形の紙をはりつけて、光をはね返《かえ》すと、丸い光の中に黒い星がうかびます。

3 丸いかがみを３まい、四角いかがみを２まい使《つか》って、次の図のように、日かげのかべに日光をはね返しました。後の問いに答えましょう。　(10点×５問)

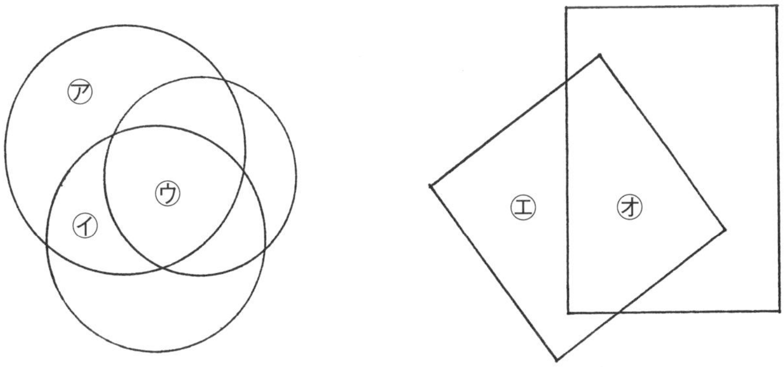

① ㋐～㋒の中で、一番明るいのはどこですか。　(　　)

② ㋓と同じ明るさになっているのは、㋐～㋒のどこですか。　(　　)

③ ㋔と同じ明るさになっているのは、㋐～㋒のどこですか。　(　　)

④ 丸いかがみの方で、㋐と同じ明るさのところは、㋐とはべつに何か所《しょ》ありますか。　(　　)

⑤ 丸いかがみの方で、㋑と同じ明るさのところは、㋑とはべつに何か所ありますか。　(　　)

理科　　月　　日　　とく点

8　ものと重《おも》さ

／100

1 同じ体せきで、木、鉄《てつ》、ねん土、発《はっ》ぽうスチロールでできたものの重《おも》さをくらべました。後の問《と》いに答えましょう。（8点×5問）

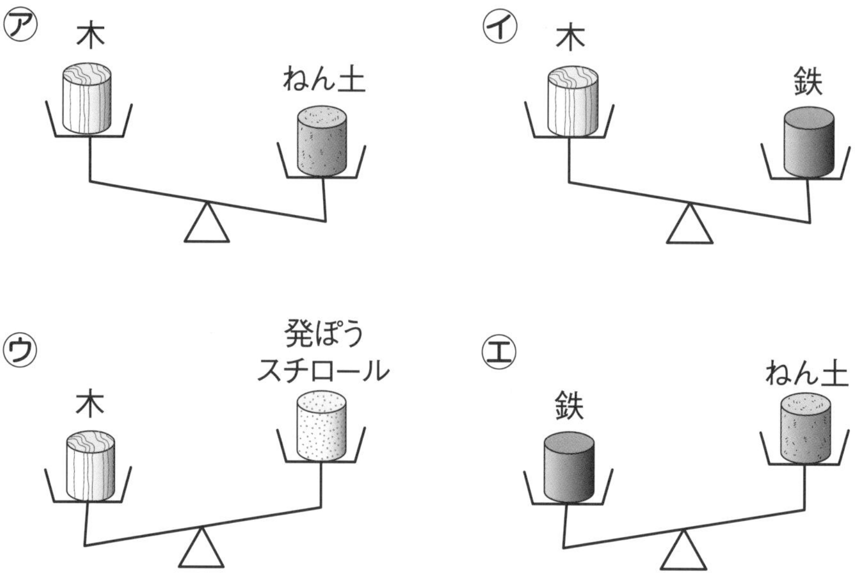

(1)　㋐で木とねん土ではどちらが重いですか。　（　　　　　）

(2)　㋑で木と鉄ではどちらが重いですか。　（　　　　　）

(3)　㋒で木より軽《かる》いものは何ですか。　（　　　　　）

(4)　㋓で鉄とねん土では、どちらが重いですか。　（　　　　　）

(5)　㋐〜㋓の重さくらべから、（　　）に重いじゅんに番号《ばんごう》をかきましょう。

（　　）　（　　）　（　　）　（　　）

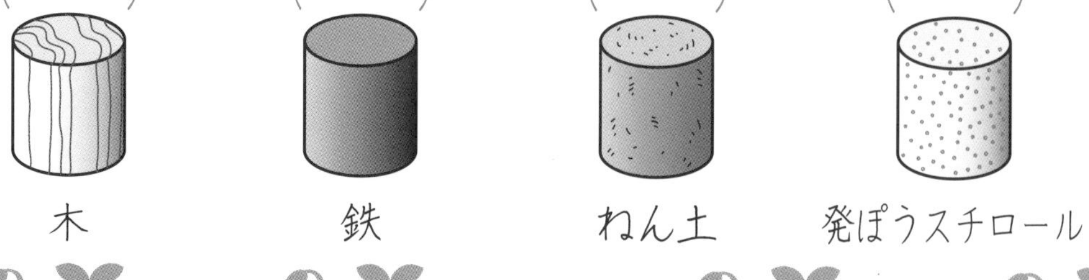

ヒント

重《おも》さのたんいはg（１円玉は１g）、kg（水１Lは１kg）、t（1000kg）、mg（$\frac{1}{1000}$g）などです。

2 ふくろ入りのビスケットを買ってきました。中のビスケットがこわれて、こなのようになってしまいました。重さはどうなりますか。次《つぎ》の中から正しいものをえらびましょう。（20点）

（　　）

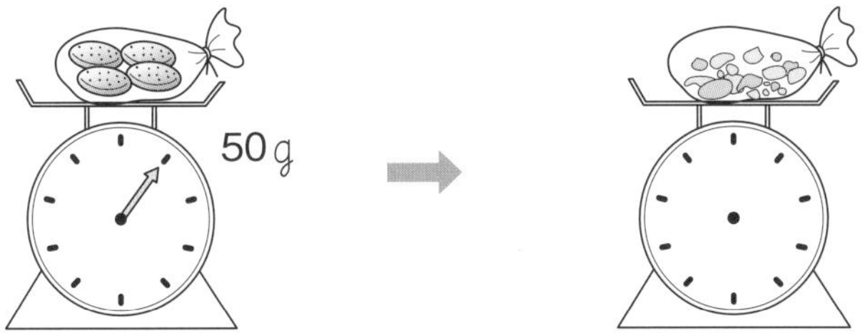
50g

- ㋐ 50g
- ㋑ 50gより重い
- ㋒ 50gより軽《かる》い

3 水に角ざとうをとかしました。さとうがとけて見えなくなりました。重さはどうなりますか。次の中から正しいものをえらびましょう。（20点）

（　　）

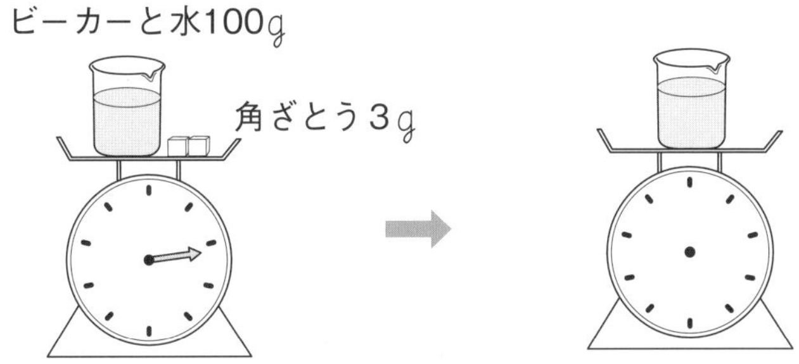
ビーカーと水100g
角ざとう３g

- ㋐ 103g
- ㋑ 100gより重い
- ㋒ 100gより軽い

4 水に木ぎれをうかべました。重さはどうなりますか。次の中から正しいものをえらびましょう。（20点）

（　　）

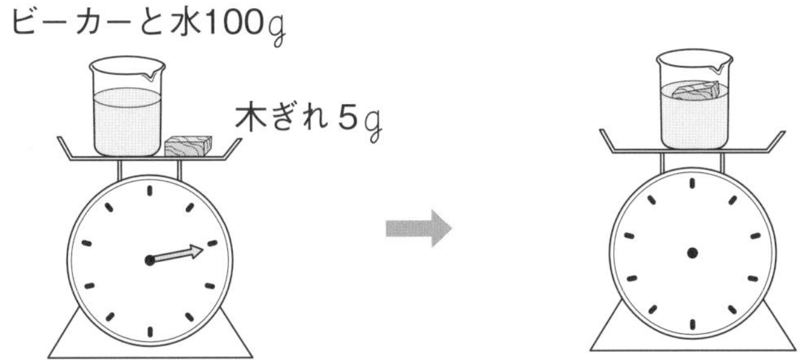
ビーカーと水100g
木ぎれ５g

- ㋐ 104g
- ㋑ 105g
- ㋒ 106g

理科

月　日

9 あかりをつけよう

とく点　／100

1 あかりをつけるものを集《あつ》めました。図を見て（　　）にあてはまる言葉《ことば》を□からえらんでかきましょう。（5点×8問）

①（　　　　）

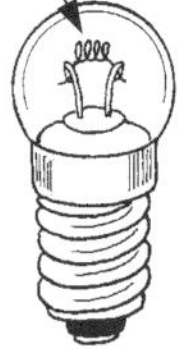

②（　　　　）

③（　　　　）

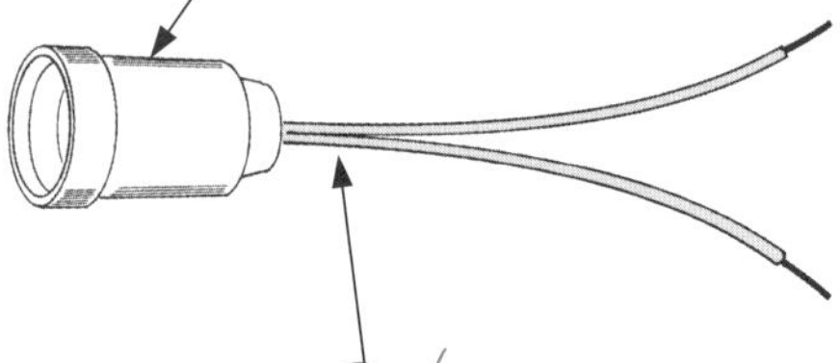

④（　　　　）

⑦（　　　　）

⑤（　　　　きょく）

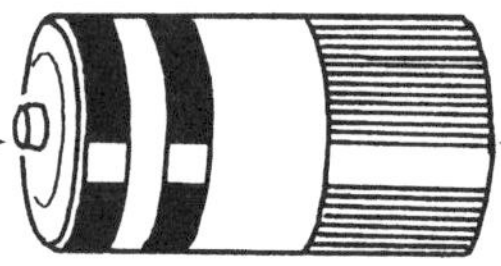

⑥（　　　　きょく）

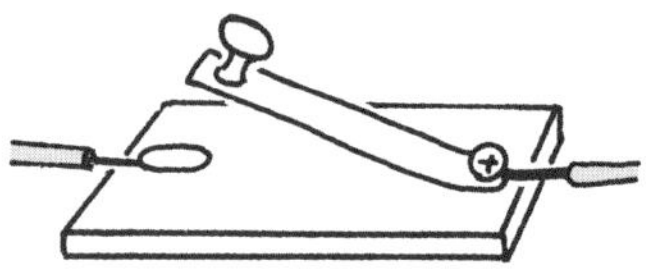

⑧（　　　　）

かん電池　豆電球《まめでんきゅう》　ソケット　マイナス　プラス
どう線　フィラメント　スイッチ

2 かん電池をつなぐと、豆電球にあかりがつくものには○、つかないものには×をしましょう。（5点×3問）

㋐（　　）

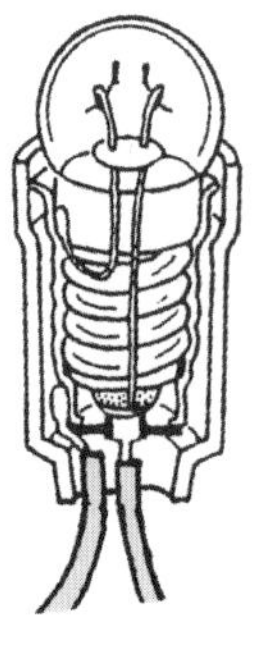

㋑（　　）

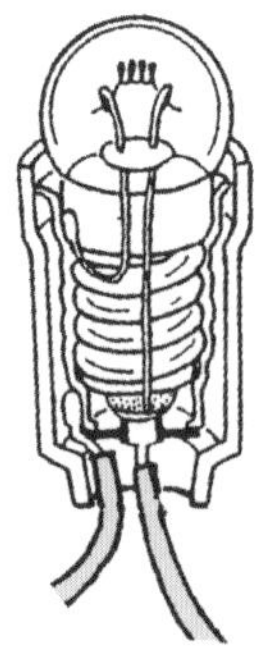

㋒（　　）

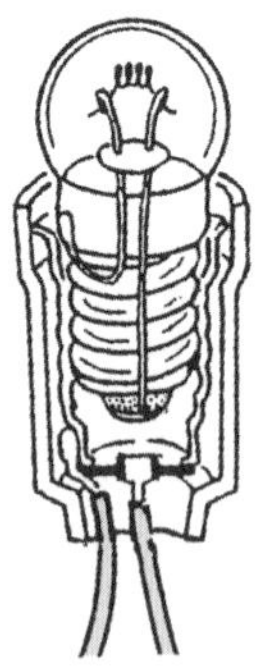

ヒント

ものを明るく見せる光があかりです。ろうそくに火をつけることも、かいちゅう電とうのスイッチを入れることも、「あかりをつける」といいます。

3 かん電池と豆電球とどう線をつないで、あかりがつくようにします。どのようにつなげばよいですか。(　　)にあてはまる言葉を［　］からえらんでかきましょう。（5点×5問）

かん電池の(①　　　　　　)→(②　　　　　　)→(③　　　　　　)→どう線→かん電池の(④　　　　　　)とつなぐと、1つの(⑤　　　)になって、あかりがつきます。

わ　　プラスきょく　　マイナスきょく　　豆電球　　どう線

4 次《つぎ》の図で、豆電球にあかりがつくものには○、つかないものには×をつけましょう。（5点×4問）

① (　　)

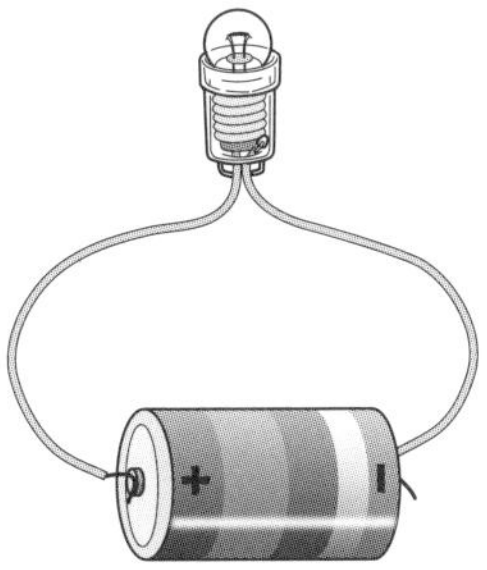

② (　　)

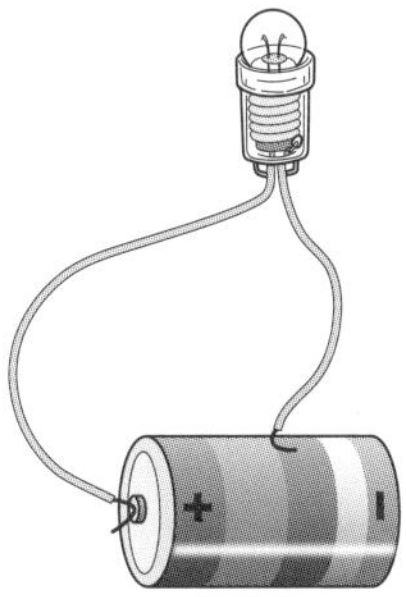

③ (　　)

④ (　　)

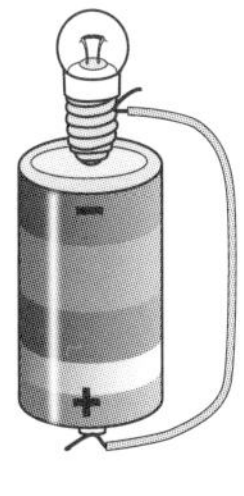

理科　　月　　日

10 じしゃく (1)

とく点　　／100

1 次《つぎ》のもののうち、じしゃくにつくものには○、つかないものには×をつけましょう。（3点×10問）

①（　　）アルミかん　　②（　　）ミシンばり

③（　　）チョーク　　④（　　）鉄《てつ》のはさみ

⑤（　　）色えん筆《ぴつ》　　⑥（　　）リレーのバトン

⑦（　　）ブランコのくさり　　⑧（　　）ガラスのコップ

⑨（　　）鉄のはりがね　　⑩（　　）消《け》しゴム

2 次の図で、じしゃくを近づけると、引きあうものには○、しりぞけあうものには×をつけましょう。（5点×4問）

①

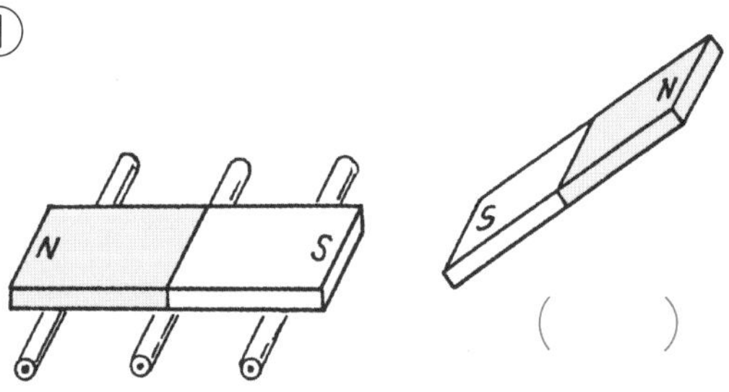

（　　）

②

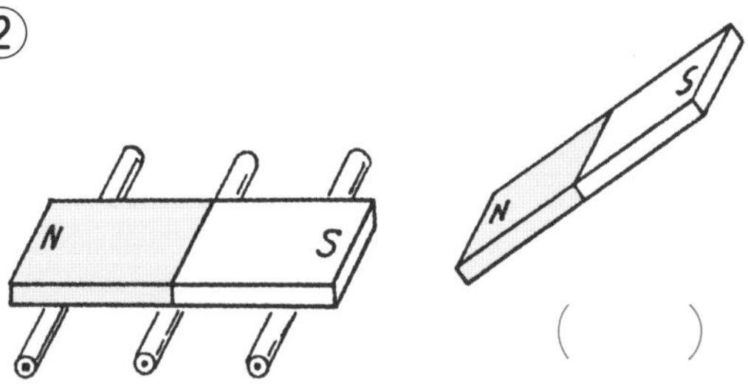

（　　）

③

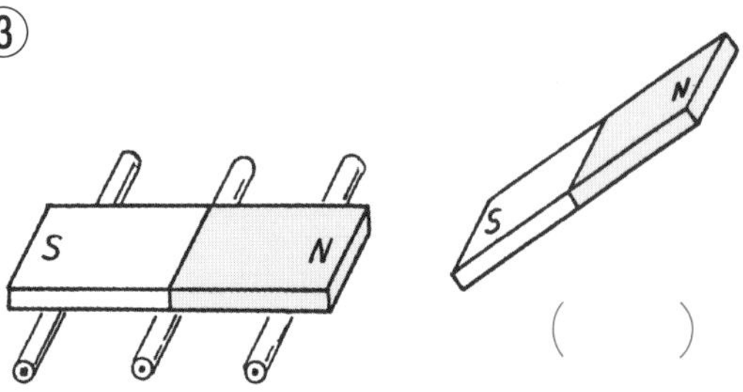

（　　）

④

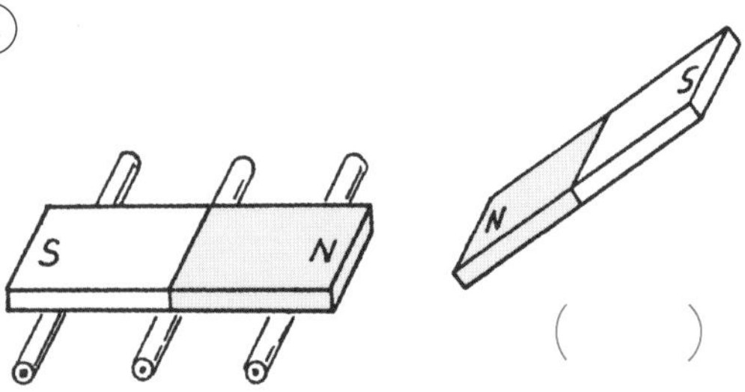

（　　）

ヒント
じしゃくには①鉄《てつ》を引きつけ、②北（南）を指《さ》すはたらきがあります。

3 次のじしゃくで、引きつける力の強いところは、①～⑤のどこですか。番号《ばんごう》で答えましょう。（（　）1つ5点）

(1)

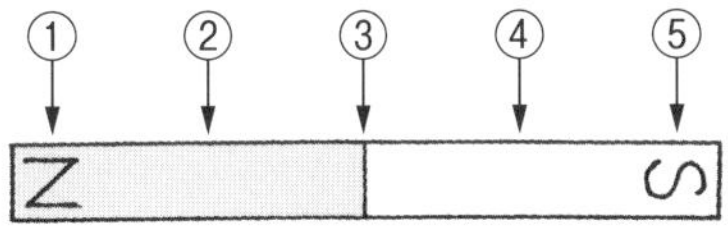

（　　）（　　）

(2)

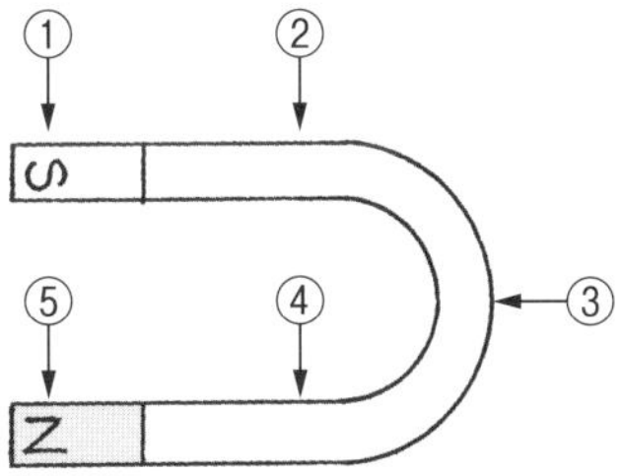

（　　）（　　）

4 図のように、ドーナツの形のじしゃくと、ぼうじしゃくを使《つか》って、同じ部屋《へや》で実《じっ》けんをしました。2つのじしゃくを自由《じゆう》に動くようにしておくと、しばらくして止まりました。（（　）1つ5点）

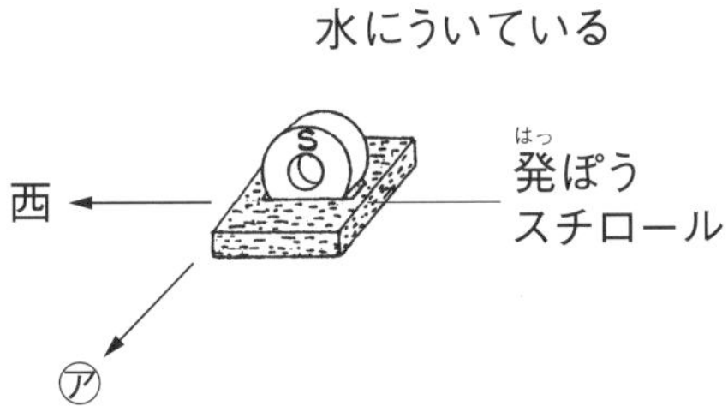

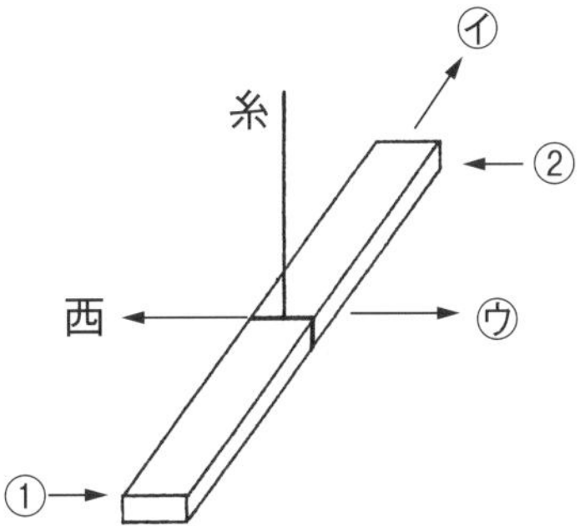

(1) ㋐～㋒の方位《ほうい》をかきましょう。

㋐（　　）　㋑（　　）　㋒（　　）

(2) ①と②のきょくをかきましょう。

①（　　きょく）　②（　　きょく）

(3) じしゃくのこのはたらきを使った道具《どうぐ》の名前をかきましょう。

（　　）

理科　　月　日

11 じしゃく (2)

とく点　／100

1 次《つぎ》の図で、じしゃくにつくものには○、つかないものには×をつけましょう。

（5点×10問）

〈れい〉（ × ）

くつした

① （　　）

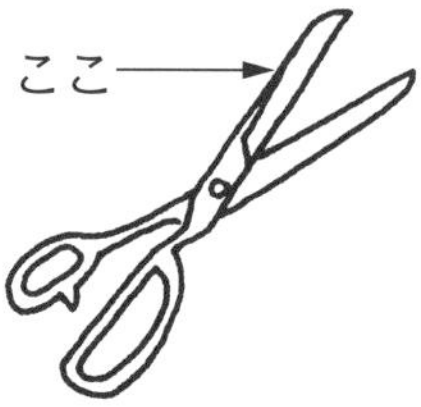

鉄《てつ》のはさみ

② （　　）

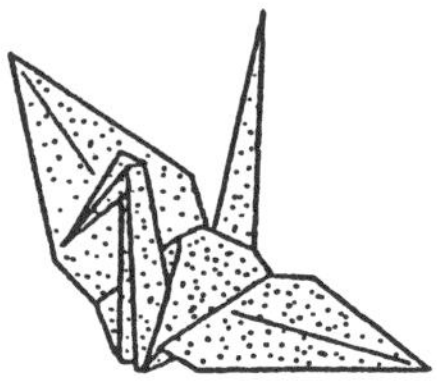

おりづる

③ （　　）

鉄のくぎ

④ （　　）

教科書

⑤ （　　）

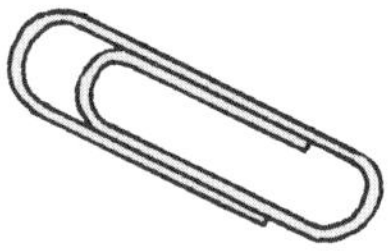

鉄のゼムクリップ

⑥ （　　）

5円玉

⑦ （　　）

目玉クリップ

⑧ （　　）

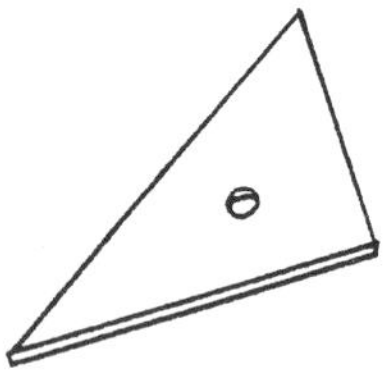

三角定《じょう》ぎ

⑨ （　　）

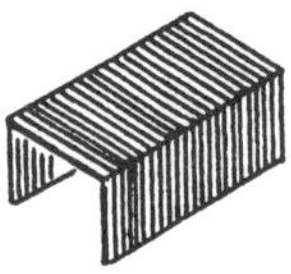

ホッチキスのしん

⑩ （　　）

消《け》しゴム

ヒント

方位《ほうい》じしゃくのNきょくは北を、Sきょくは南を指《さ》します。地球《ちきゅう》の北きょくはSきょくで、南きょくはNきょくだからです。

2 図のように、2つのじしゃくを近づけます。後の問《と》いに答えましょう。 （（　）1つ5点）

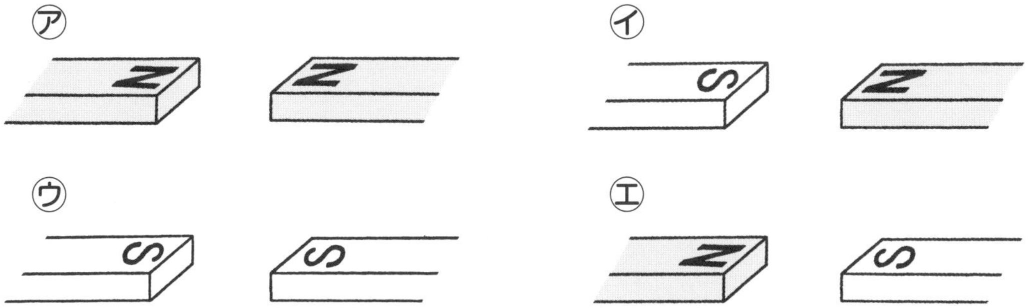

(1) じしゃくが引きあうのは、㋐～㋓のどれとどれですか。

（　　）（　　）

(2) じしゃくがしりぞけあうのは、㋐～㋓のどれとどれですか。

（　　）（　　）

(3) (1)、(2)のことから、次の文で正しいものには○、まちがっているものには×をつけましょう。

① （　　） Nきょくと Nきょくは引きあいます。

② （　　） Sきょくと Sきょくはしりぞけあいます。

③ （　　） Nきょくと Sきょくは引きあいます。

④ （　　） 同じきょくは、しりぞけあいます。

⑤ （　　） ちがうきょくは、しりぞけあいます。

⑥ （　　） Nきょくと Sきょくはしりぞけあいます。

社会　　月　　日　　とく点

1　地図のきまり（1）

／100

1　図を見て、後の問《と》いに答えましょう。

(1)　下の方位記号《ほういきごう》の①～④はどの方位を表《あらわ》していますか。（5点×4問）

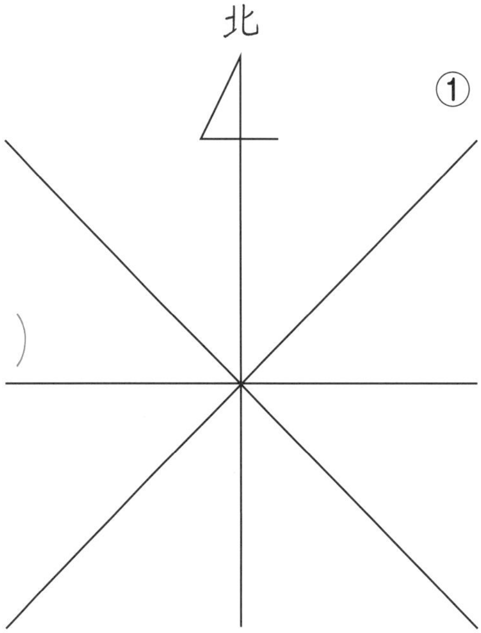

①（　　　）

④（　　　）

③（　　　）

②（　　　）

(2)　この方位の表し方を（　　　　　　）といいます。（5点）

2　地図をかくときに気をつけることとして、正しいもの2つに○をつけましょう。（5点×2問）

①（　　）　地図の上は北とする。

②（　　）　地図の上は南とする。

③（　　）　家はいっけんいっけん全部《ぜんぶ》かくようにする。

④（　　）　目じるしになる学校や神社《じんじゃ》をかくとわかりやすい。

⑤（　　）　車をたくさんかいて、道路《どうろ》だとわかりやすくする。

ヒント

地図記号《きごう》には、次《つぎ》のようなものもあります。
◎市役所《しやくしょ》　⊕ほけん所《じょ》　電波《でんぱ》とう　♨温《おん》せん　しろ・しろあと

3 次の地図記号は何を表しているか答えましょう。　（5点×13問）

① （　　　　　　　）

② 

（　　　　　　　）

③ （　　　　　　　）

④ （　　　　　　　）

⑤ （　　　　　　　）

⑥ （　　　　　　　）

⑦ （　　　　　　　）

⑧ （　　　　　　　）

⑨ （　　　　　　　）

⑩ （　　　　　　　）

⑪ （　　　　　　　）

⑫ （　　　　　　　）

⑬ （　　　　　　　）

社会　　月　　日　　とく点

2 地図のきまり (2)

／100

1 次《つぎ》の地図を見て、後の問《と》いに答えましょう。

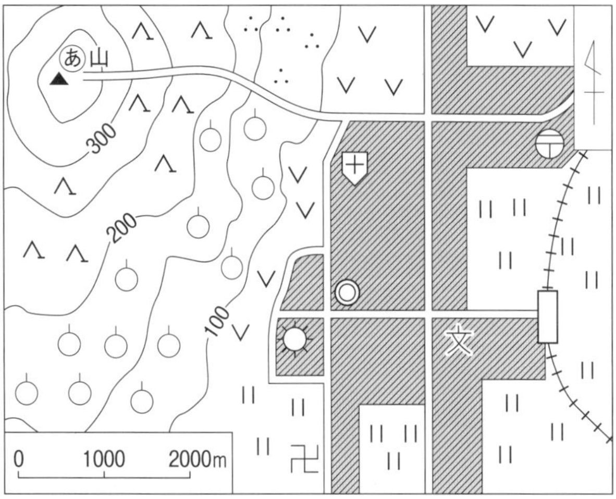

(1) あにある▲のマークは何を表《あらわ》していますか。（6点）

（　　　　　　）

(2) ▲は市役所《しやくしょ》から見てどの方角にありますか。（6点）

（　　　　　　）

(3) 駅《えき》は学校から見てどの方角にありますか。（6点）

（　　　　　　）

(4) 町のまわりの土地は何に使《つか》われていますか。2つかきましょう。（6点×2問）

（　　　　　　）と（　　　　　　）

(5) 次のうち、正しいもの2つに○をつけましょう。（5点×2問）

① （　　） 鉄道《てつどう》は、町の東から西の方角にのびている。

② （　　） 学校のまわりは、畑《はたけ》が広がっている。

③ （　　） 市役所のすぐ前に、工場がある。

④ （　　） 山のふもとは、くだもの畑《ばたけ》が広がっている。

⑤ （　　） 駅のすぐそばに、ゆうびん局《きょく》がある。

ヒント

動物園《どうぶつえん》・植物園《しょくぶつえん》・公園・もよおし物《もの》会場などのあん内図も地図です。わかりやすくかき表《あらわ》してあります。

2 次の地図記号《きごう》は何を表しているか答えましょう。（4点×3問）

① 卍　② 　③ 

①（　　　　）　②（　　　　）　③（　　　　）

3 次の①～⑧の地図記号を、（　　）の中のせつめいをもとにして、□にかきましょう。（6点×8問）

① 工場（歯車《はぐるま》の形）

② 畑（2まいの葉《は》）

③ 港《みなと》（船のいかり）

④ 神社《じんじゃ》（入り口のとりい）

⑤ 田（いねの切りかぶ）

⑥ 鉄道《てつどう》（線路《せんろ》の形）

⑦ 学校（「文」という文字）

⑧ 病院《びょういん》（赤十字《せきじゅうじ》のしるし）

社会　　月　　日

とく点　　／100

3 まちとくらし

1 次《つぎ》の地図の㋐～㋕が表《あらわ》しているのは、①～⑥のどのしせつですか。（　　）に記号《きごう》をかきましょう。（5点×6問）

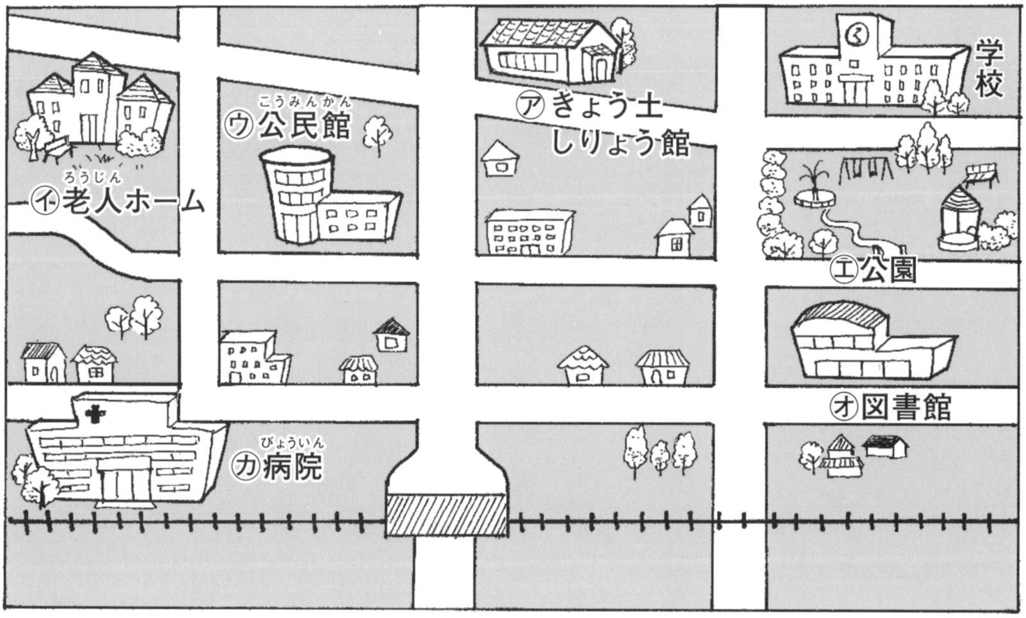

①（　　　　）

②（　　　　）

③（　　　　）

④（　　　　）

⑤（　　　　）

⑥（　　　　）

絵入りの地図も、地図記号《きごう》入りの地図も上が北です。

2 地図を見て答えましょう。

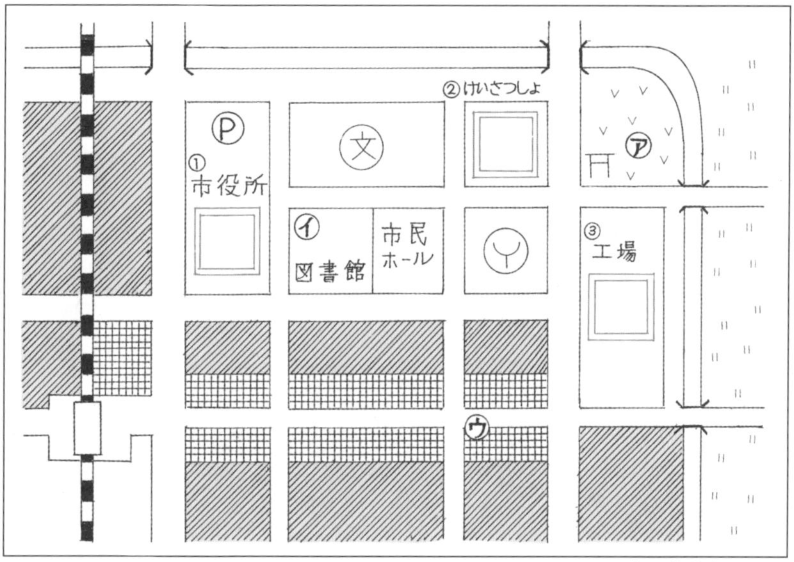

 ― 商店《しょうてん》がい

(1) 地図中の□にあてはまる地図記号を[ ]からえらんでかきましょう。(8点×3問)

(2) 地図中の地図記号は何を表しているでしょう。(8点×4問)

あ 文 (　　　　　　)　　い  (　　　　　　)

う  (　　　　　　)　　え  (　　　　　　)

(3) 下の絵は地図中のア～ウのどの地いきのようすを表したものですか。(　　)に記号をかきましょう。(7点×2問)

① (　　　　　　)　　② (　　　　　　)

4 くらしと商店《しょうてん》（1）

とく点　　／100

1 次《つぎ》の地図は、はるかさんたちのグループがつくった「買《か》い物《もの》地図」です。この地図を見て、後の問《と》いに答えましょう。

(1) 次の店はいくつありますか。（5点×4問）

①（　　　）　②（　　　）　③（　　　）　④（　　　）

(2) 商店《しょうてん》がいにある店を4つかきましょう。（10点×4問）

ヒント

スーパーマーケットは、たくさんの食品《しょくひん》を、どこに何があるかわかるようにならべています。

2 次の絵は、スーパーマーケットをより多くの人にりようしてもらおうとくふうしているようすをえがいたものです。絵とかん係《けい》の深《ふか》い文を下の［　　］からえらんで、記号《きごう》で答えましょう。

（10点×４問）

①

（　　）

②

（　　）

③

（　　）

④

（　　）

㋐ 車で来る人もいるので、広いちゅう車場がある。

㋑ 遠くからでもよく見えるように大きなかんばんがある。

㋒ 赤ちゃんがいる人も安心《あんしん》して買い物ができるように「赤ちゃんルーム」がある。

㋓ 店の中は、品物《しなもの》がきちんと整理《せいり》されていて気《き》持《も》ちいい。

社会　　月　　日　　とく点

5 くらしと商店《しょうてん》(2)

／100

1 次《つぎ》の表《ひょう》は、たくやさんの家族《かぞく》が「いつ・どこで・何を」買《か》い物《もの》しているのか調《しら》べた表です。表を見て、後の問《と》いに答えましょう。

1週間の買い物調《しら》べ　　たくやさんの家

	日	月	火	水	木	金	土
パン	スーパーマーケット		パン屋《や》				
肉	スーパーマーケット		肉屋				
やさい	スーパーマーケット		八百屋《やおや》		スーパーマーケット		
魚		魚屋			スーパーマーケット		
のみもの	スーパーマーケット			コンビニエンスストア	スーパーマーケット		
おかし	スーパーマーケット			コンビニエンスストア		コンビニエンスストア	
文《ぶん》ぼう具《ぐ》			文ぼう具屋		スーパーマーケット		
洋服《ようふく》							デパート
その他 どこで		コンビニエンスストア		コンビニエンスストア	スーパーマーケット		デパート
その他 何を		電池		おにぎり	ぜんざい		くつ

次の文から、正しいものを４つえらんで、番号《ばんごう》をかきましょう。

（10点×４問）

① 日曜日に買った物は、パンと肉だけです。

② 月曜日には、魚屋で魚を買っています。

③ この１週間で洋服《ようふく》は買っていません。

④ 毎日買い物をしています。

⑤ １週間で、パンは２回買っています。

⑥ １週間で３回買い物をしているのは、おかしだけです。

⑦ スーパーマーケットで一番たくさん買い物しています。

⑧ １番多くの種類《しゅるい》の品物《しなもの》を買った日は、月曜日です。

ヒント

コンビニエンスストアは、食品《しょくひん》・日用品・ざっしなどがおいてあり、夜おそくまで利用《りよう》できます。

2 次の文は、㋐スーパーマーケット、㋑商店《しょうてん》がい、㋒コンビニエンスストアのどれを説明《せつめい》した文か、(　　)に記号《きごう》でかきましょう。

(10点×3問)

品物《しなもの》が多く、店の中にいろいろな売り場がある。広いちゅう車場もあるので、車での買い物も行きやすい。	①(　　　　)
長い時間あいているので、いつでもひつような物を買うことができる。コンピュータを使ってコンサートのチケットのよやくなどもできる。	②(　　　　)
おもに日用品や食料品《しょくりょうひん》をおいている店が多い。お店の人とちょくせつ話ができるので、楽しく買い物をすることができる。	③(　　　　)

3 次の文とかんけいのある絵を、下の㋐〜㋒からえらんで、(　　)に記号をかきましょう。

(10点×3問)

① お客さんが品物を見やすいようにくふうして、たなにならべる。(　　)

② 売り場の品物が少なくなったら、おくの倉庫《そうこ》から出してくる。(　　)

③ おいしいさしみにするために、ていねいに魚を切ってパックする。(　　)

㋐

㋑

㋒

社会　　月　　日

6　くらしと商店《しょうてん》(3)

とく点　　／100

1 次《つぎ》の文は、コンビニエンスストアの店長さんの話です。(　　)にあう言葉《ことば》を［　］からえらんで、記号《きごう》で答えましょう。(8点×5問)

コンビニエンスストアというのは、(①　　　)な店という意味《いみ》です。お客《きゃく》さんにいつでも来てもらえるように、(②　　　)時間店をあけています。

店には、食べ物《もの》や飲《の》み物、本など、たくさんの商品《しょうひん》をそろえています。また、(③　　　)などもあつかっています。コンサートのチケットや(④　　　)のきっぷのよやくなどもできます。お客さんによろこんでもらえるような新しい商品や(⑤　　　)をいつも考えています。

㋐ひこうき　㋑たくはいびん　㋒長い　㋓べんり　㋔サービス

2 買《か》い物調《ものしら》べの表《ひょう》を見て、後の問《と》いに答えましょう。(6点×4問)

	米	くだもの やさい	肉・魚	さとう しお	パン	ノート えんぴつ	洋服《ようふく》・くつ	石けん ペーパー	電気 せい品《ひん》	家具《かぐ》
近くの店	○	○	○		○	○		○		
スーパーマーケット	○	○	○	○		○		○		
デパートやせん門《もん》店							○		○	○

(1) 食料品《しょくりょうひん》は、主《おも》にどこで買っていますか。2つかきましょう。

(2) 日用品は、主にどこで買っていますか。2つかきましょう。

ヒント

商店がいには、パン屋《や》・八百屋《やおや》・魚屋・花屋・薬屋・かし屋など、したしまれるお店がならんでいます。

3 次の文は、商店《しょうてん》がいの方の話です。（　　）にあう言葉を[　　]からえらんで、記号で答えましょう。（6点×4問）

近くに住《す》んでいる人たちが買い物に来ることが多く、主に日用品や（①　　　）などを中心に売っています。

さいきんは（②　　　）や生協《せいきょう》に買い物に行く人がとても多くなりました。

一方、商店がいでは、たくさんの店が協力し合って、お客さんをよぶくふうをしています。また、お店の人とおしゃべりしながら買い物するのを（③　　　）いるお客さんもいます。

むかしにくらべるとお客さんは（④　　　）なりましたが、みんなで力を合わせてがんばっています。

㋐食料品《しょくりょうひん》　㋑楽しんで　㋒スーパー　㋓少なく

4 次の絵は、「商店がい」「コンビニエンスストア」のどちらを表《あらわ》したものですか。（　　）の中にかきましょう。（6点×2問）

①

（　　　　　　）

②

（　　　　　　）

社会　月　日

7 農家《のうか》の仕事《しごと》(1)

とく点　／100

1 けんたさんたちは、農業《のうぎょう》について調《しら》べるために、農家の田中さんに話を聞きました。次《つぎ》の図は、田中さんの農事《のうじ》ごよみ※です。図を見て後の問《と》いに答えましょう。※農事ごよみは、1年のスケジュールを示したもの

田中さんの農事ごよみ

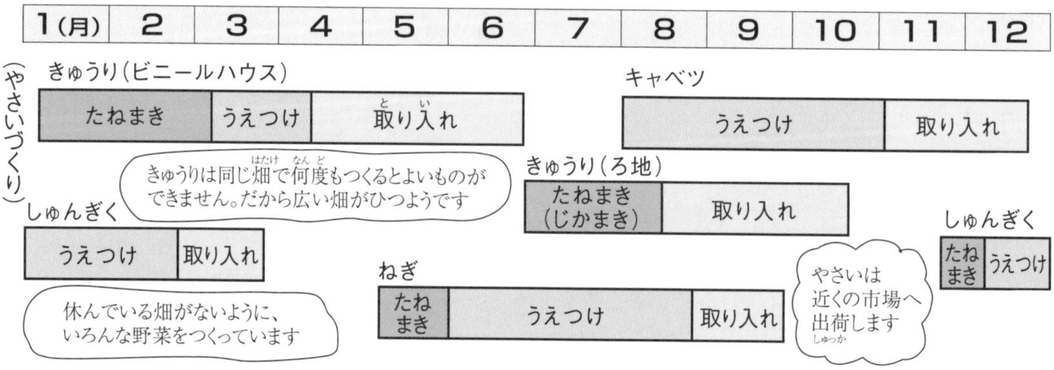
1(月)
2
3
4
5
6
7
8
9
10
11
12
(やさいづくり)
きゅうり(ビニールハウス)
たねまき
うえつけ
取《と》り入《い》れ
キャベツ
うえつけ
取り入れ
きゅうりは同じ畑《はたけ》で何度《なんど》もつくるとよいものができません。だから広い畑がひつようです
きゅうり(ろ地)
たねまき(じかまき)
取り入れ
しゅんぎく
うえつけ
取り入れ
しゅんぎく
たねまき
うえつけ
ねぎ
たねまき
うえつけ
取り入れ
休んでいる畑がないように、いろんな野菜をつくっています
やさいは近くの市場へ出荷《しゅっか》します

(1) 田中さんの畑では、どんなものをつくっていますか。4つ答えましょう。(10点×4問)

(2) 1月には、どのやさいのたねまきをしていますか。(10点)

(3) 9月には、どれとどのやさいの取り入れをしていますか。(10点×2問)

(4) つくったやさいは、どこに出荷《しゅっか》されますか。(10点)

ヒント

農家《のうか》の人は、作物《さくもつ》の取《と》り入《い》れ時期《じき》をずらして、作物のさいばいをします。

2 次《つぎ》の文は、田中さんの話です。よく読んで後の問いに答えましょう。

やさいのねだんは、市場のせりでその日に決《き》まります。農家では高く売れるように、形と大きさに気をつけてつくっています。
またつくる時期《じき》をずらしたり、ほかでつくらないものをつくったり、そのときに一番売れるものを考えてつくります。そしてせまい土地でもたくさんつくれるように、つくり方のくふうもしています。
いいものをつくって、新せんなうちに、高く売れる市場をさがして運《はこ》びます。たくさんつくりすぎて売れないこともありますが、がんばっています。

次の文で正しいもの２つに○をつけましょう。 (20点)

① (　　) やさいのねだんは、１週間前から決まっている。

② (　　) 農家では、やさいがより高く売れるように、形や大きさに気をつけてつくっている。

③ (　　) やさいをつくる時期はずらさないでつくるのが、ふつうである。

④ (　　) せまい土地では、やさいはつくらない。

⑤ (　　) やさいができたら、高く売れる市場をさがして運んでいる。

⑥ (　　) たくさんつくりすぎても売れるので、どんどんつくるようにしている。

月　日

8 農家《のうか》の仕事《しごと》 (2)

とく点　／100

1 次《つぎ》の地図は大阪府《おおさかふ》堺市《さかいし》でつくられている農産物《のうさんぶつ》（農業《のうぎょう》でできる作物）をしめしたものです。この地図を見て問《と》いに答えましょう。

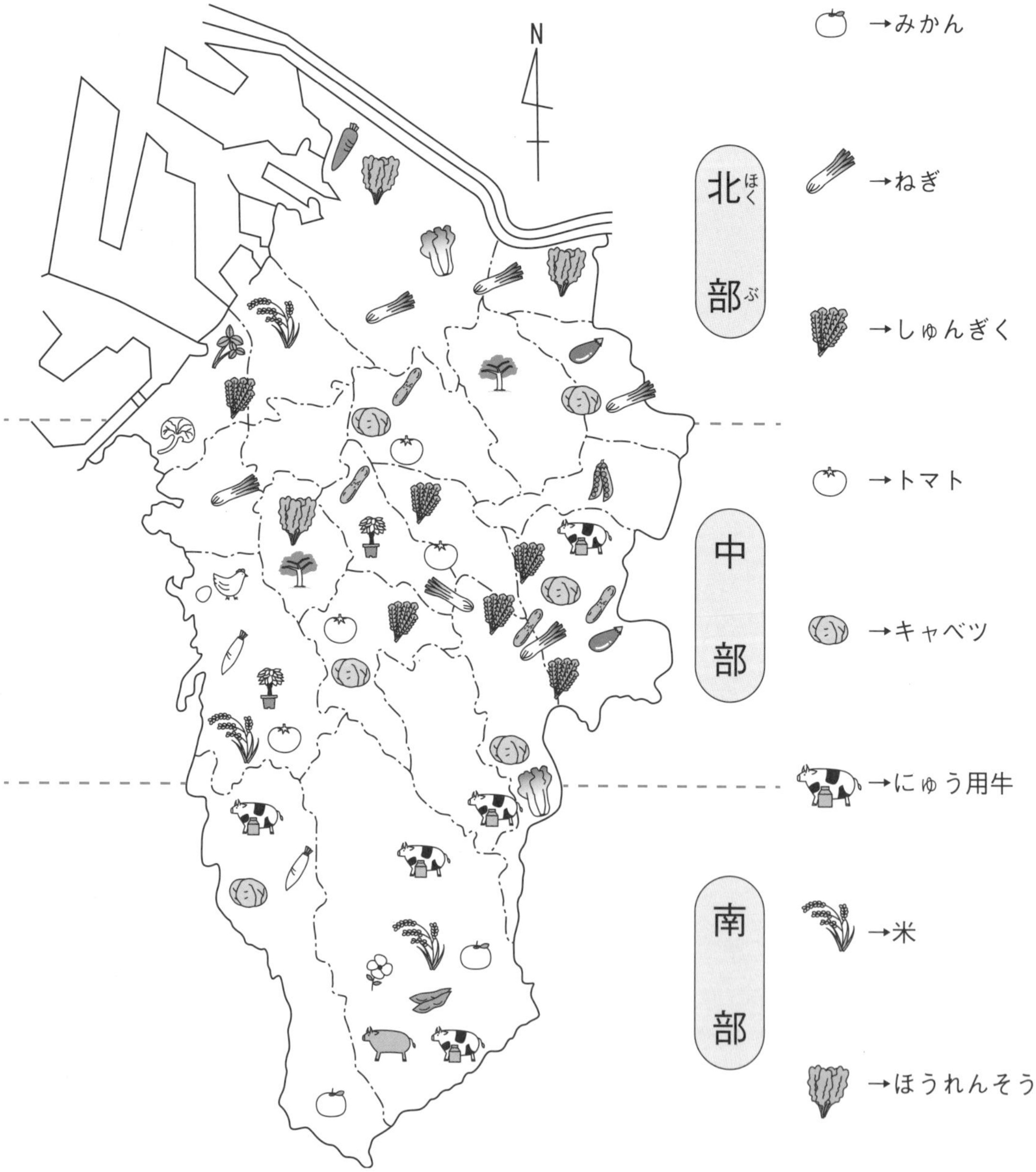
N
北《ほく》部《ぶ》
中部
南部
→みかん
→ねぎ
→しゅんぎく
→トマト
→キャベツ
→にゅう用牛
→米
→ほうれんそう

ヒント

農家《のうか》で作られたやさいなどは、多くが農業協同組合《のうぎょうきょうどうくみあい》に集められ出荷《しゅっか》されます。

堺市の農業についてかかれた次の文のうち、正しいもの5つに○をつけましょう。

（50点）

① （　　） 堺市の中部《ちゅうぶ》は土地が広く、農業がさかんです。

② （　　） ねぎは北部と中部でつくられています。

③ （　　） 一番多くつくられているのはトマトです。

④ （　　） 大阪市に近いので、新せんなやさいづくりがさかんです。

⑤ （　　） 北部の方は山をりようしたブドウづくりがさかんです。

⑥ （　　） キャベツやしゅんぎくが多くつくられています。

⑦ （　　） 南部はにゅう用牛のしいくやみかんづくりがおこなわれています。

2 次の絵は、農業協同組合《きょうどうくみあい》の仕事のようすを表《あらわ》したものです。下の文にあう絵をえらんで、（　　）に記号をかきましょう。

（10点×５問）

① （　　） 農機具《のうきぐ》やひりょうなどをまとめて安《やす》く買う。

② （　　） やさいの育《そだ》て方について知らせたり、勉強会《べんきょうかい》をひらく。

③ （　　） 有線放送《ゆうせんほうそう》で、農家にいろいろな連《れん》らくをする。

④ （　　） 取《と》れたやさいを集《あつ》め、まとめて出荷《しゅっか》する。

⑤ （　　） お金をあずかったり、かしたりする。

社会　　月　　日

9　工場の仕事《しごと》（1）

とく点　／100

1　ひろしさんたちは、牛にゅう工場へ見学へ行きました。下の説明《せつめい》をよく読んで、後の問《と》いに答えましょう。

1．ちちしぼり

1年365日、朝と夕方、にゅう牛から機械《きかい》を使《つか》い、ちちをしぼります。

2．集《あつ》める

毎朝、ミルクローリーがしぼったちちを集《あつ》めます。

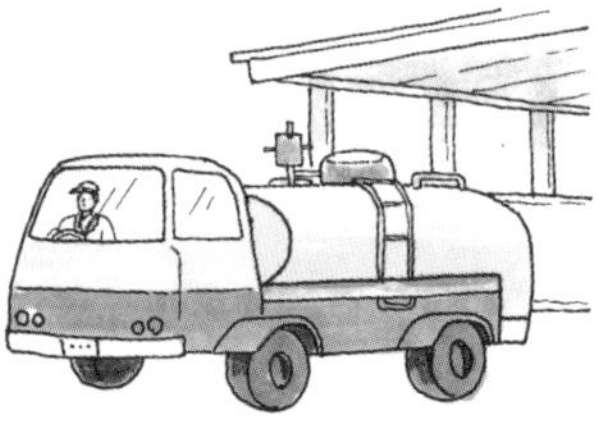

3．けんさ

けんさに合かくしたちちは、目に見えないような小さなごみまで取《と》りのぞきます。

4．冷《ひ》やしてためておく

1～3度《ど》まで冷《ひ》やして、タンクに集めます。

5．きんしつ化《か》

ちちに高いあつ力《りょく》をかけ、細かいすきまからおし出す機械に通します。こうすることにより、ちちの中にしぼうがうかぶことをふせぎ、おいしくなります。

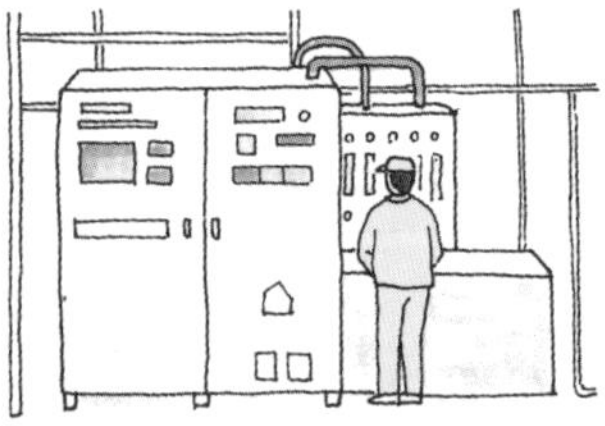

6．さっきん

130度で2秒《びょう》加熱《かねつ》し、すぐに3度以下《いか》に冷やします。

7．びんづめ

さっきんしたちちを、びんや紙パックに入れ、ふうをして賞味《しょうみ》きげんを記入します。

8．けんさ

9．出荷《しゅっか》

10度以下にたもったまま、トラックにつんで店や家庭《かてい》に運《はこ》びます。

ヒント

牛にゅう・たまご・スナックがしなどにかかれている賞味《しょうみ》きげんは、それをつくったところが、おいしく食べられることをほしょうする期間《きかん》です。

① ミルクローリーは何をしますか。（10点）

＿＿＿＿＿＿＿＿＿＿

② ①のしごとはいつしますか。（10点）

＿＿＿＿＿＿＿＿＿＿

③ タンクに集められたちちは、何度まで冷やしますか。（10点）

＿＿＿＿＿＿＿＿＿＿

④ さっきんは、何度で加熱しますか。（10点）

＿＿＿＿＿＿＿＿＿＿

⑤ 賞味きげんを記入したあと、何をしますか。（10点）

＿＿＿＿＿＿＿＿＿＿

⑥ 出荷するちちは、何度以下にたもたれていますか。（10点）

＿＿＿＿＿＿＿＿＿＿

2 次《つぎ》のことばとかん係《けい》のある文をえらんで、線でつなぎましょう。

（10点×４問）

① ちちしぼり・

② けんさ・

③ きんしつ化・

④ びんづめ・

・㋐ ちちに高いあつ力をかけ、細かいすきまから、おし出す機械に通します。

・㋑ さっきんしたちちを、びんや紙パックに入れ、ふうをして賞味きげんを記入します。

・㋒ １年365日、朝と夕方の２回、機械を使ってちちをしぼります。

・㋓ けんさに合かくしたちちは、目に見えないような小さなごみまで取りのぞきます。

社会　　月　日　　とく点　　／100

10 工場の仕《し》事《ごと》 (2)

1 次《つぎ》のグラフはある市の工場の種類《しゅるい》と数です。

=10　＝1

せんい		（　32　）
機《き》　械《かい》		（① 　）
食料《しょくりょう》品《ひん》		（② 　）
金ぞく		（③ 　）
化《か》　学《がく》		（④ 　）
プラスチック		（⑤ 　）

(1)　グラフの（　　）に、工場の数を数字でかきましょう。（5点×5問）

(2)　工場は全部《ぜんぶ》でいくつありますか。（5点）

(3)　工場の種類はいくつですか。（5点）

(4)　もっとも数の多い工場は、どんな種類の工場ですか。（5点）

(5)　1つしかないのは、何の工場ですか。（5点）

(6)　機械工場と金ぞく工場では、どちらの方が多いですか。（5点）

ヒント

工場はたくさんの水を使います。使《つか》ってよごれた水は、きれいにしてから流《なが》されます。

2 次の品物《しなもの》は、どの種類の工場で作られたものでしょう。

（5点×10問）

鉄板《てっぱん》	時計	おかし	タオル
かん	テレビ	服《ふく》	ねじ
パン	自動車《じどうしゃ》	ロボット	ハム

（機械）時計	（金ぞく）鉄板
（せんい）	（食料品）

社会　　月　日

11 昔《むかし》のくらし、今のくらし

とく点　／100

1 次《つぎ》の絵を見て、後の問《と》いに答えましょう。　（5点×10問）

(1) 何をしているところですか。

(2) いつごろのようすですか。
　　からえらんでかきましょう。

今のようす　　40年ぐらい前　　80年ぐらい前

(3) 上の絵のあ、い、うの道具《どうぐ》の名前を　　からえらんでかきましょう。

あ　　い　　う

せんたく板《いた》　　いど　　せんめんき　　ポンプ　　たらい

(4) 上の絵のようすから考えて、次の文で正しいものに○をつけましょう。

ア（　）電気を使《つか》った道具がなかったので時間がかかりました。

イ（　）電気を使い、生活がべんりになりました。

ウ（　）水をくむのはかんたんでした。

(5) 次の道具について古いじゅんに（　）に番号《ばんごう》をつけましょう。

ア（　）

イ（　）

ウ（　）

今、しごとに使《つか》う器具《きぐ》は、ボタンひとつで使えるものがほとんどです。昔《むかし》は手でしなければならないしごとが多くありました。

ヒント

2 次の絵を見て、後の問いに答えましょう。

(1) 昔《むかし》の道具の名前を □ からえらんでかき、それが今どうなっているか、図の記号《きごう》をかきましょう。 (10点×4問)

	昔		今
ごはんのほぞん	①		
ごはんを おくところ	②		
りょう理《り》をつくったり 温《あたた》める	③		
明かり	④		

おひつ　　はこぜん　　ランプ　　いろり

(2) 今と昔で、食べている人は、どうちがいますか。 (5点×2問)

昔はおじいさんや（① 　　　　）たちといっしょに、今より（② 　　　　）の人数で食べていた。

英語　　月　　日

1 アルファベット ①

1 アルファベットの大文字の練習《れんしゅう》をしましょう。

APPLE

A A A A A

BANANA

B B B B B

CAT

C C C C C

DOG

D D D D D

ELEPHANT

E E E E E

FISH

F F F F F

GUITAR

G G G G G

ヒント

声に出して発音しながら、かく練習をするとおぼえやすいですよ。

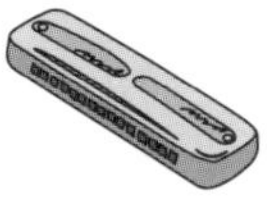

H H H H H

HARMONICA

I I I I I

ICE CREAM

J J J J J

JUICE

K K K K K

KOALA

L L L L L

LEMON

M M M M M

MARKER

N N N N N

NOTEBOOK

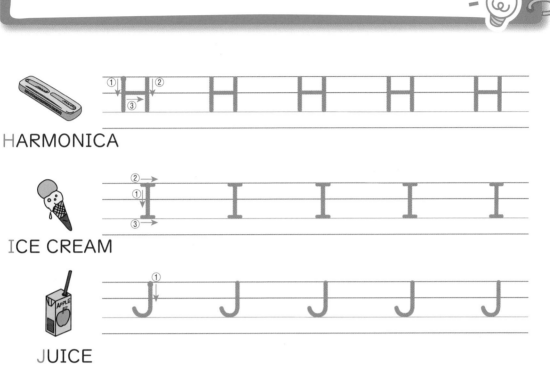

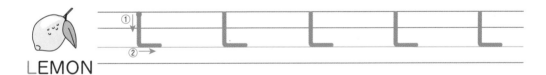

英語　　月　日

2 アルファベット ②

1 アルファベットの大文字の練習《れんしゅう》をしましょう。

ORANGE

O O O O O

PIANO

P P P P P

QUEEN

Q Q Q Q Q

RED

R R R R R

SKIRT

S S S S S

TEA

T T T T T

UMBRELLA

U U U U U

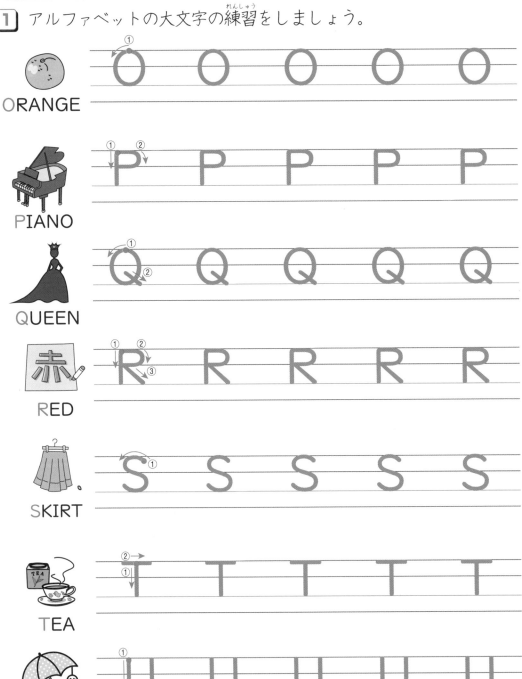

ヒント

アメリカの学校では、教科書を学校からかりて使います。教科書のサイズも図鑑《ずかん》のように大きくて重いものがあります。

V V V V V

VOLLEYBALL

W W W W W

WATCH

X X X X X

FOX

Y Y Y Y Y

YELLOW

Z Z Z Z Z

ZOO

2 アルファベットの小文字の練習をしましょう。

a a a a a

announcer

b b b b b

bird

英語

月　　日

3 アルファベット ③

1 アルファベットの小文字の練習《れんしゅう》をしましょう。

cake

c c c c c

dodge ball

d d d d d

eraser

e e e e e

french fries

f f f f f

glove

g g g g g

horse

h h h h h

ice

i i i i i

ヒント

外国でも、日本語のままで通じる言葉があります。「カラオケ」「すきやき」「まんが」などです。「もったいない」も世界 中《せかいじゅう》で使《つか》われるようになりました。

jam

j j j j j

kiwi

k k k k k

lion

l l l l l

music

m m m m m

nurse

n n n n n

octopus

o o o o o

pizza

p p p p p

英語

月　　日

4 アルファベット ④

1 アルファベットの小文字の練習《れんしゅう》をしましょう。

quiz

q　q　q　q　q

rabbit

r　r　r　r　r

strawberry

s　s　s　s　s

table

t　t　t　t　t

uniform

u　u　u　u　u

violin

v　v　v　v　v

white

w　w　w　w　w

ヒント

えい語を話す国では、相手《あいて》の持《も》ち物《もの》や服《ふく》をよくほめます。「いいね」「すごい」、「It's cool!《イッツ クール》」「Great!《グレイト》」など、おぼえておくと話がはずみますね。

box

x x x x x

yacht

y y y y y

zebra

z z z z z

2 アルファベットのじゅんになるように線でむすび、絵をかんせいさせましょう。

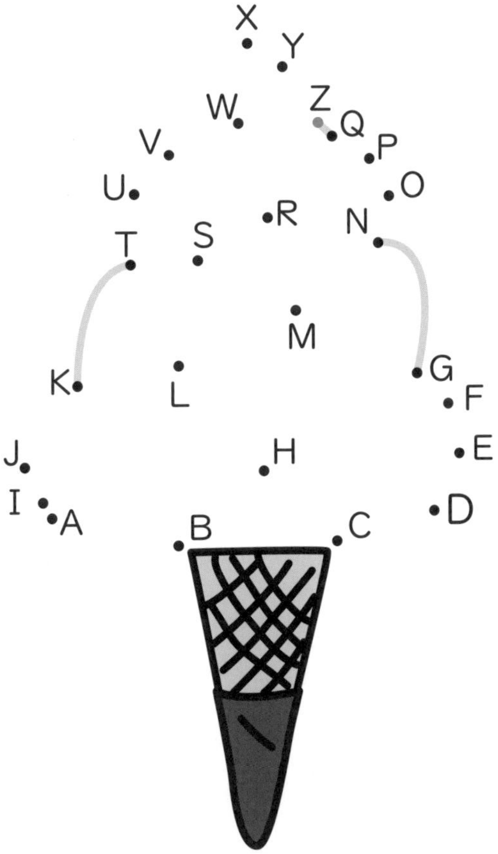

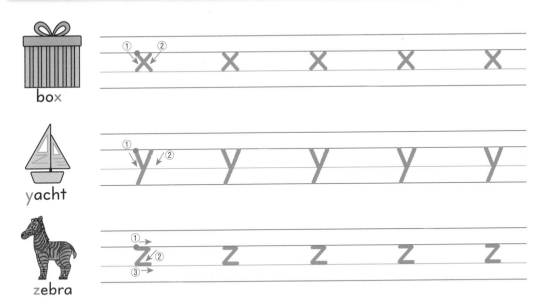

⑨ さくらが　はらはらと　ちる。

⑩ 姉は　テニスクラブの　部長《ぶちょう》です。

⑪ これは　新聞の　天気図です。

⑫ めだかは　すいすい　泳《およ》ぐ。

⑬ 家の　中に　ねこが　いる。

⑭ さっき　夜行列車《れっしゃ》が　通った。

⑮ つばめは　南の国に　帰ります。

⑯ この　メロンは　とっても　あまい。

⑰ 色画用紙は　一まいも　ありません。

⑱ ぞうの　赤ちゃんは　小さくて　かわいい。

⑲ ぼくの　家族《かぞく》は　四人です。

⑳ ほうせんかの　たねが　とびちった。

国語

18 主語《しゅご》とじゅつ語（二）

ヒント

じゅつ語は文の終《お》わりにあります。
じゅつ語がわかると、主語《しゅご》がわかります。

とく点　　／100

月　　日

1 次《つぎ》の文で、主語《しゅご》にあたる言葉《ことば》には――線を、じゅつ語にあたる言葉には＝＝線を引きましょう。（5点×20問）

① 子馬が　元気よく　いななく。

② 夏川さんは　クラスで一番の　人気者《にんきもの》だ。

③ 駅前《えきまえ》広場に　ふんすいは　ない。

④ 今年《ことし》の　冬は　たいへん　寒《さむ》い。

⑤ 太平洋《たいへいよう》は　とても　広い。

⑥ 今日《きょう》の　おやつは　やきいもです。

⑦ 兄《にい》さんが　りんごを　かじった。

⑧ ぼくの　さいふに　お金が　ない。

2 次の文で、じゅつ語にあたる言葉《ことば》に══線を引きましょう。（5点×12問）

① 兄さんは　図書館《としょかん》へ　出かけます。

② たぬきが　ごろんと　ねころぶ。

③ 春山さんが　ホームランを　打った。

④ きりんの　首は　とても　長い。

⑤ アルプスの　山は　美《うつく》しい。

⑥ 向《む》こうの　なの花は　きれいだ。

⑦ 秋本さんは　いつも　明るい。

⑧ 姉《ねえ》さんは　小学校の　先生です。

⑨ ケーキは　おいしい　食《た》べ物《もの》だ。

⑩ パンダは　中国に　住《す》む　動物《どうぶつ》だ。

⑪ 池に　にしきごいが　いる。

⑫ りんごは　箱《はこ》の　中に　ある。

国語

17 主語《しゅご》とじゅつ語（一）

ヒント

「花は　ばらです。」「手が　つめたい。」「夜は　しずかだ。」「池が　ある。」の文で、――は主語《しゅご》で、＝＝は　じゅつ語です。

とく点　　／100

月　　日

1 次《つぎ》の文で、主語《しゅご》にあたる言葉《ことば》に――線を引き、□に書きましょう。（5点×8問）

① 台風が　トタン屋根《やね》を　こわした。

② 赤ちゃんの　はだは　やわらかい。

③ 姉の　スニーカーは　新しい。

④ すべり台は　遊園地《ゆうえんち》に　ある。

⑤ うら庭《にわ》に　たぬきが　いる。

⑥ うぐいすが　ホーホケキョと　鳴く。

⑦ 一番星が　キラキラと　またたく。

⑧ かもめは　冬の　わたり鳥です。

③

④

（画・さいわい徹《とおる》）

国語

16

四こままんが（二）

ヒント

池などでかわれているこいは、えさをくれる人を見ると、集《あつ》まってきて、口をあけます。

月　日

1 まんがをお話にしましょう。（男の子は「ケイ」です。ねこは「トラ」です。）

①

②

2 ——のかたかなを漢字《かんじ》と送りがなになおしましょう。

・漢字は□からえらびましょう。

（5点×10問）

① 気がミジカイ

② 木をウエル

③ 火がキエル

④ ボールをウケル

⑤ 図でアラワス

⑥ あなにオチル

⑦ 皿《さら》をカサネル

⑧ 山にノボル

⑨ ボールをナゲル

⑩ 星がナガレル

流　登　投　短　表　落　消　重　受　植

国語

15 送《おく》りがな

ヒント

3年の漢字《かんじ》200字のうち90字ほどは、送《おく》りがなのある漢字です。

とく点　／100

月　日

1 送《おく》りがなの正しい方を□に書きましょう。（5点×10問）

① 目が（悪るい／悪い）□

② 戸を（開ける／開る）□

③ 早く（起きる／起る）□

④ 勝負《しょうぶ》を（決める／決る）□

⑤ ねだんが（安すい／安い）□

⑥ むねが（苦しい／苦い）□

⑦ 放送《ほうそう》が（始まる／始る）□

⑧ 根《ね》を（調べる／調る）□

⑨ いねが（実のる／実る）□

⑩ 人を（集める／集る）□

2 反対の意味の言葉を、□からえらんで書きましょう。

上流　心配　乗車　表通り　短所　登校　予習　開店　始業　部分

① 下校

② 安心《あんしん》

③ 終業《しゅうぎょう》

④ 下流《かりゅう》

⑤ 長所《ちょうしょ》

⑥ うら通り

⑦ へい店

⑧ ふく習《しゅう》

⑨ 全体《ぜんたい》

⑩ 下車

（5点×10問）

国語

14 反対《はんたい》の意味《いみ》の言葉《ことば》

ヒント

「話し手↔聞き手」、「話し言葉↔書き言葉」となりますが、なぜか「話す」の反対語《はんたいご》は「じ書」にのっていません。

とく点 ／100

月　日

1 ——の言葉《ことば》と反対《はんたい》の意味《いみ》の言葉《ことば》を、[　]からえらんで書きましょう。（5点×10問）

登る　進む　乗る　勝ち　着る　動く　起きる　安い　拾う　深い

① 君《きみ》の負《ま》け。

② 服《ふく》をぬぐ。

③ 山を下る。

④ ごみをすてる。

⑤ バスをおりる。

⑥ エンジンが止まる。

⑦ ねだんが高い。

⑧ 時計《とけい》がおくれる。

⑨ 川があさい。

⑩ 早くねる。

4

	道	
通		面
	地	

5

	地	
帳		談
	会	

6

	主	
配		目
	者	

7

	予	
安		期
	食	

4 ①（　　） ②（　　） ③（　　） ④（　　）

5 ①（　　） ②（　　） ③（　　） ④（　　）

6 ①（　　） ②（　　） ③（　　） ④（　　）

7 ①（　　） ②（　　） ③（　　） ④（　　）

4〜**7**の漢字

定理　調路　役面

◎のこった字で、二字じゅく語を作りましょう。（8点）

（　　）

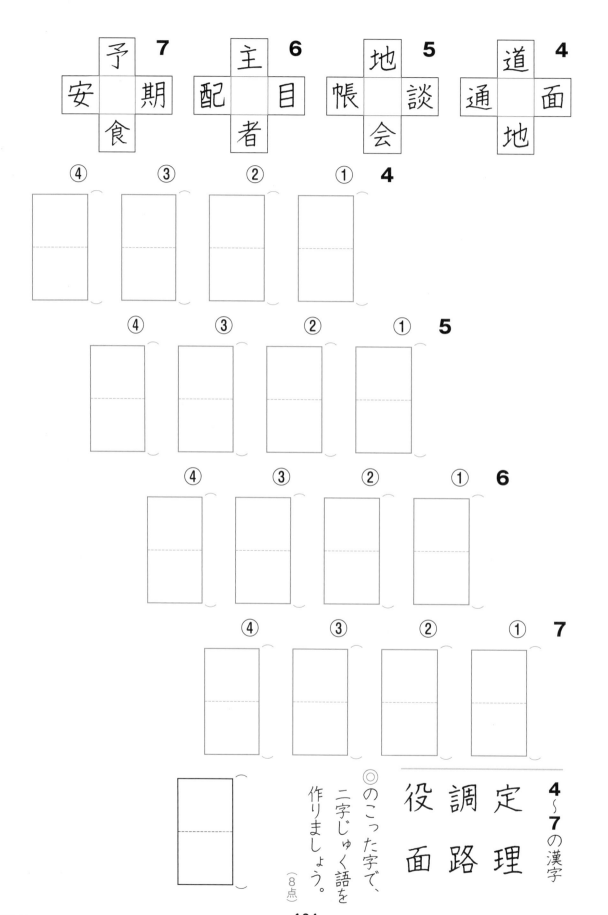

国語

13 じゅく語の読み・書き（三）

ヒント

血行　ふろに入ると血行がよくなる。
路面　路面電車が走る。
定食　とんかつ定食をたのんだ。

とく点　／100

月　日

1 □に漢字《かんじ》を入れ、矢じるしの方へ読むと二字じゅく語が四つできます。□に入れる漢字は下からえらびましょう。二字のこります。（12点×7問）

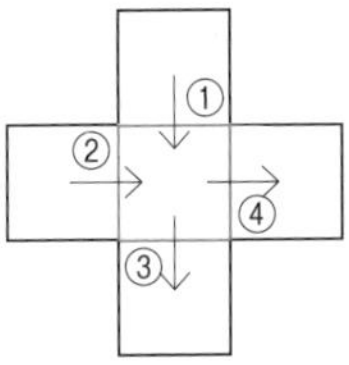

①（じっかん）実感　②（ちょっかん）直感　③（かんそう）感想　④（かんどう）感動

（上）実　（左）直　（右）動　（下）想　（中）感

1　（上）事　（左）真　（右）行　（下）物

2　（上）放　（左）運　（右）金　（下）電

3　（上）出　（左）止　（右）行　（下）色

1　①（　）　②（　）　③（　）　④（　）

2　①（　）　②（　）　③（　）　④（　）

3　①（　）　②（　）　③（　）　④（　）

1～3の漢字

安　血　実
送　全

◎のこった字で、二字じゅく語を作りましょう。（8点）

（　）

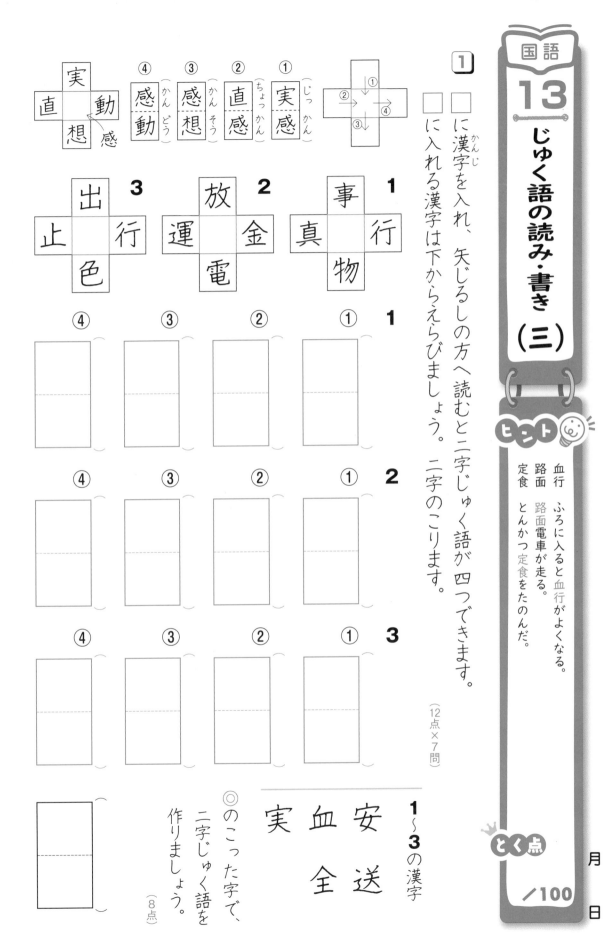

4

	練	
学		実
	予	

5

	読	
作		役
	使	

6

	時	
高		風
	音	

7

	植	
動		見
	生	

4 ①（　　） ②（　　） ③（　　） ④（　　）

5 ①（　　） ②（　　） ③（　　） ④（　　）

6 ①（　　） ②（　　） ③（　　） ④（　　）

7 ①（　　） ②（　　） ③（　　） ④（　　）

4〜7の漢字

速　面
者　物
帳　習

◎のこった字で、二字じゅく語を作りましょう。（8点）

（　　）

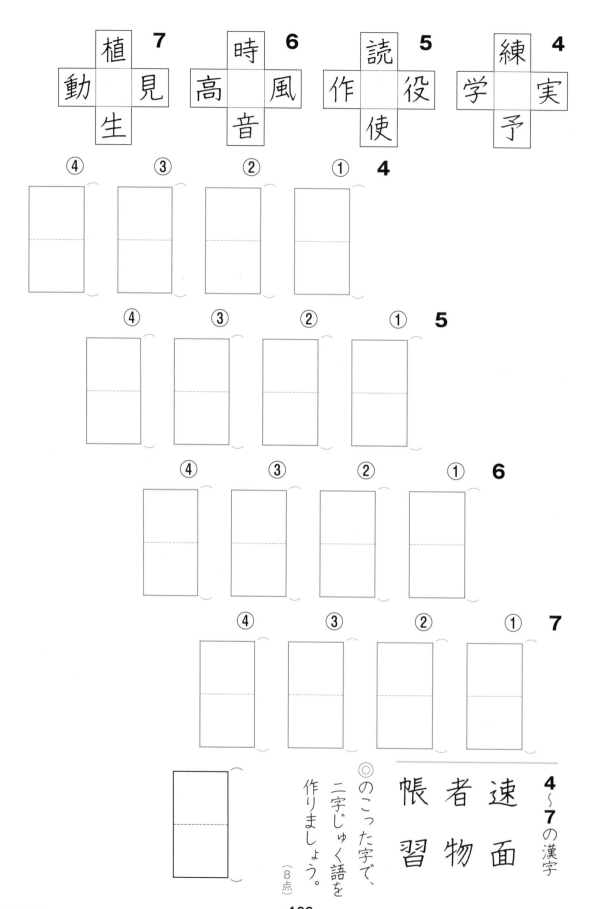

12 じゅく語の読み・書き（二）

ヒント

実習　学校で教育《きょういく》実習をする。

音速　空気中の音速は、一秒《びょう》三百四十メートルだ。

生物　植物《しょくぶつ》と動物が生物です。

とく点　／100

月　日

1 □に漢字《かんじ》を入れ、矢じるしの方へ読むと二字じゅく語が四つできます。□に入れる漢字は下からえらびましょう。二字のこります。

（12点×7問）

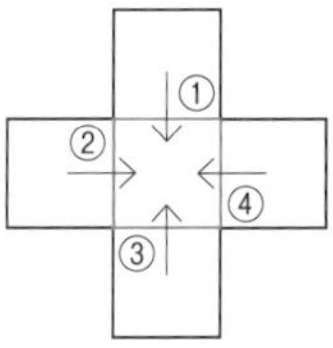

①全員（ぜんいん）　②定員（ていいん）　③駅員（えきいん）　④役員（やくいん）

全（上）　定（左）　役（右）　駅（下）　→　員

1　用（上）　注（左）　悪（右）　決（下）

2　投（上）　送（左）　直（右）　返（下）

3　名（上）　役（左）　短（右）　長（下）

1　①（　）②（　）③（　）④（　）

2　①（　）②（　）③（　）④（　）

3　①（　）②（　）③（　）④（　）

1～3の漢字

決　球　所

意　対

◎のこった字で、二字じゅく語を作りましょう。

（8点）

（　）

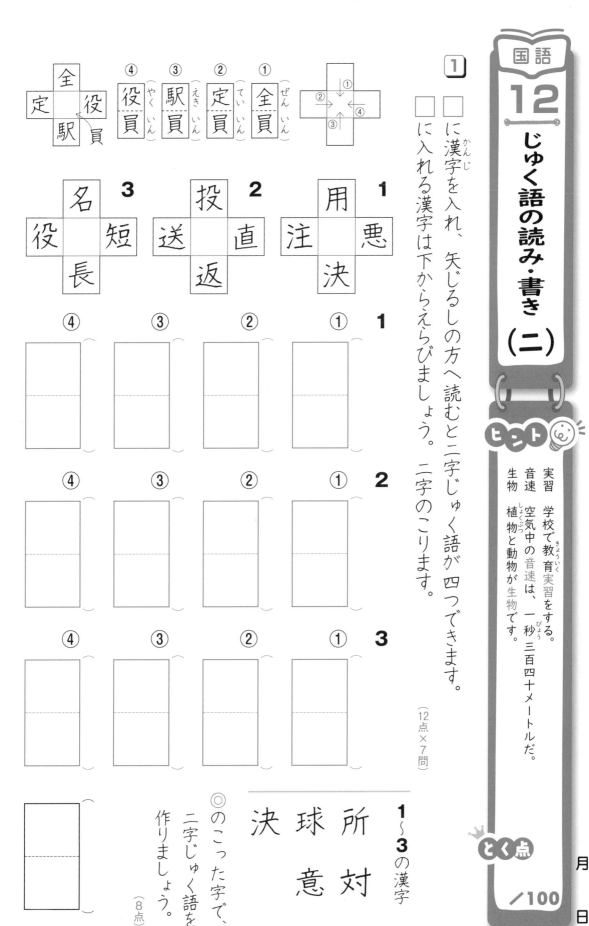

4

	心	
意		死
	勝	

5

	学	
級		行
	路	

6

	表	
理		打
	役	

7

	明	
見		送
	育	

4 ①（　　）②（　　）③（　　）④（　　）

5 ①（　　）②（　　）③（　　）④（　　）

6 ①（　　）②（　　）③（　　）④（　　）

7 ①（　　）②（　　）③（　　）④（　　）

4〜**7**の漢字

発　度
温　代
進　決

◎のこった字で、二字じゅく語を作りましょう。（8点）

（　　）

国語

11 じゅく語の読み・書き（一）

ヒント

横波　横波を受《う》けて大きくゆれる。

進行　仕事《しごと》の進行がよくない。

発送　たくはいびんで発送する。

とく点

／100

月　日

1 □に漢字《かんじ》を入れ、矢じるしの方へ読むと二字じゅく語が四つできます。□に入れる漢字は下からえらびましょう。二字のこります。

（12点×7問）

①↑　②←　③↓　④→

①美味（びみ）

②美人（びじん）

③美声（びせい）

④美食（びしょく）

	味	
人	美	食
	声	

1

	動	
転	□	命
	送	

2

	笛	
顔	□	町
	波	

3

	行	
流	□	病
	用	

1　①（　）　②（　）　③（　）　④（　）

2　①（　）　②（　）　③（　）　④（　）

3　①（　）　②（　）　③（　）　④（　）

1〜**3**の漢字

勝　急　運　負　横

◎のこった字で、二字じゅく語を作りましょう。

（8点）

（　）

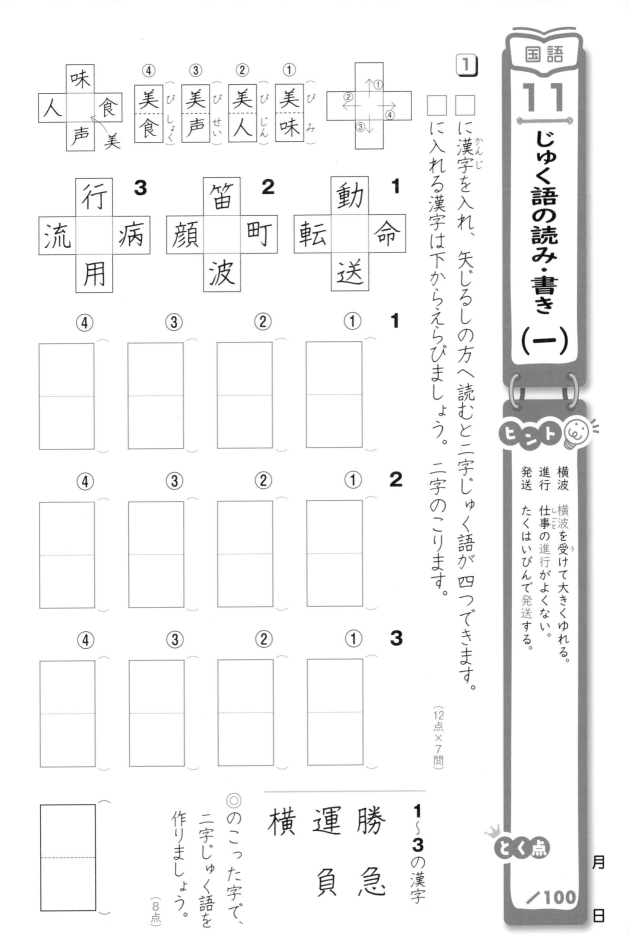

③

④

（画・さいわい徹《とおる》）

国語

10 四こまんが（一）

ヒント

ねこのトラの顔つきがかわっていきます。ふき出しの絵はトラが思っていることです。

1 まんがをお話にしましょう。（ねこの名前は「トラ」です。）

①

②

月　日

⑤

□《きん》海《かい》
↓
□《かい》流《りゅう》
↓
□《りゅう》□《ひょう》
↓
氷《ひょう》□《げん》
↓
原《げん》□《ゆ》

⑥

□《はっ》表《ぴょう》
↓
□《おもて》口《ぐち》
↓
□《く》□《ちょう》
↓
調《ちょう》□《り》
↓
理《り》□《ゆう》

⑦

□《しゅっ》発《ぱつ》
↓
□《はつ》明《めい》
↓
□《めい》□《あん》
↓
暗《あん》□《ごう》
↓
号《ごう》□《がい》

⑧

□《のう》薬《やく》
↓
□《くすり》指《ゆび》
↓
□《し》□《てい》
↓
定《てい》□《き》
↓
期《き》□《じつ》

⑨

□《きゃく》車《しゃ》
↓
□《しゃ》両《りょう》
↓
□《りょう》□《よう》
↓
用《よう》□《じ》
↓
事《じ》□《じつ》

⑩

□《じ》代《だい》
↓
□《だい》筆《ひつ》
↓
□《ひっ》□《き》
↓
記《き》□《ちょう》
↓
帳《ちょう》□《めん》

国語

9 漢字《かんじ》のしりとり（三）

1 □にあてはまる漢字《かんじ》を書きましょう。（10点×10問）

① □《ぎょう》商《しょう》 → □《しょう》船《せん》 → □《せん》□《しつ》 → 室《しつ》□《おん》 → 温《おん》□《ど》

② □《こう》代《たい》 → □《だい》打《だ》 → □《だ》□《きゅう》 → 球《きゅう》□《こん》 → 根《ね》□《もと》

③ □《し》事《ごと》 → □《じ》実《じつ》 → □《じっ》□《こう》 → 行《こう》□《どう》 → 動《どう》□《ぶつ》

④ □《てつ》路《ろ》 → □《ろ》面《めん》 → □《めん》□《だん》 → 談《だん》□《わ》 → 話《わ》□《だい》

ヒント

面談　先生と面談する。

明暗　明暗を分けるできごとだ。

記帳　うけつけで記帳をすます。

とく点　／100

月　日

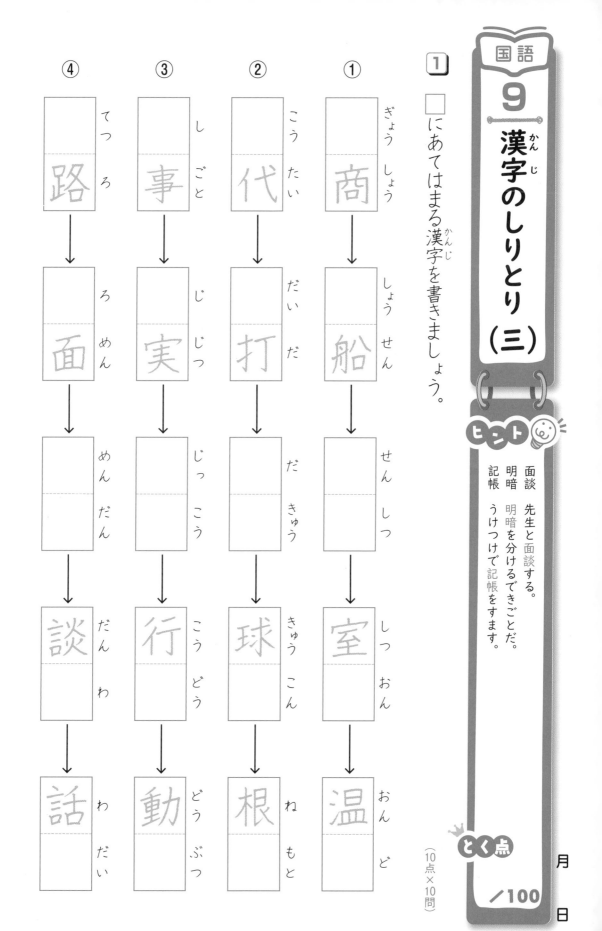

⑤

最《さい》□《あく》
↓
悪《あく》□《ひつ》
↓
筆《ふで》□《ばこ》
↓
箱《はこ》□《にわ》
↓
庭《てい》□《えん》

⑥

□《しん》身《しん》
↓
□《み》軽《がる》
↓
□《けい》食《しょく》
↓
□《しょく》事《じ》
↓
□《じ》業《ぎょう》

⑦

□《つい》放《ほう》
↓
□《ほう》流《りゅう》
↓
□《りゅう》行《こう》
↓
□《こう》楽《らく》
↓
□《らく》勝《しょう》

⑧

□《ご》前《ぜん》
↓
□《まえ》歯《ば》
↓
□《し》科《か》
↓
□《か》学《がく》
↓
□《がく》者《しゃ》

⑨

□《すい》深《しん》
↓
□《しん》緑《りょく》
↓
□《りょっ》化《か》
↓
□《か》石《せき》
↓
□《せき》炭《たん》

⑩

□《しょく》物《ぶつ》
↓
□《もの》事《ごと》
↓
□《じ》実《じつ》
↓
□《じっ》感《かん》
↓
□《かん》想《そう》

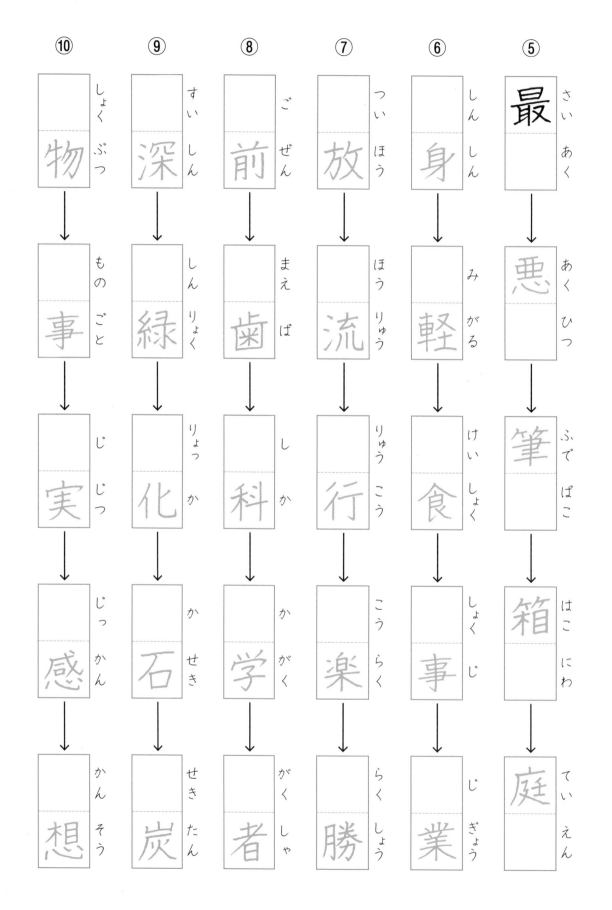

8 漢《かん》字《じ》のしりとり（二）

ヒント

屋台　屋台のラーメンを食べる。

調和　人と調和することが大切だ。

放流　あゆのち魚を放流する。

とく点　／100

月　日

1 □にあてはまる漢字《かんじ》を書きましょう。（10点×10問）

① 全《ぜん》□《しん》 → 身《しん》□《たい》 → 体《たい》□《じゅう》 → 重《おも》□《に》 → 荷《に》□《もつ》

② 飲《いん》□《しゅ》 → 酒《さか》□《や》 → 屋《や》□《たい》 → 台《だい》□《どころ》 → 所《しょ》□《いん》

③ 商《しょう》□《ひん》 → □《しな》□《もの》 → 物《ぶっ》□《たい》 → □《たい》温《おん》 → 温《おん》□《ど》

④ 強《きょう》□《ちょう》 → 調《ちょう》□《わ》 → 和《わ》□《ふく》 → 服《ふく》□《じ》 → 地《じ》□《めん》

⑤

他《た》□《にん》 → □《にん》相《そう》 → 相《あい》□《て》 → □《て》軽《がる》 → 軽《かる》□《いし》

⑥

□《かい》転《てん》 → 転《てん》□《らく》 → □《らく》石《せき》 → 石《せき》□《ゆ》 → □《ゆ》田《でん》

⑦

□《やっ》局《きょく》 → 局《きょく》□《ぶ》 → □《へ》屋《や》 → 屋《や》□《ね》 → □《こん》気《き》

⑧

□《かん》詩《し》 → 詩《し》□《しゅう》 → □《しゅう》合《ごう》 → 合《がっ》□《しゅく》 → □《しゅく》題《だい》

⑨

□《はん》対《たい》 → 対《たい》□《けつ》 → □《けっ》心《しん》 → 心《しん》□《ぱい》 → □《はい》役《やく》

⑩

□《えき》長《ちょう》 → 長《なが》□《や》 → □《おく》上《じょう》 → 上《じょう》□《りゅう》 → □《りゅう》行《こう》

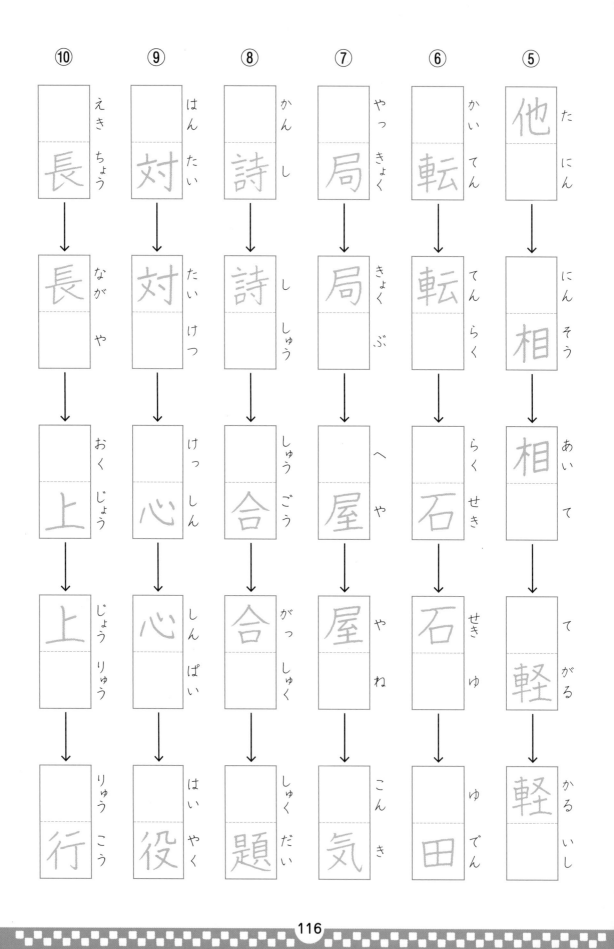

国語

7 漢字《かんじ》のしりとり（一）

1 □にあてはまる漢字《かんじ》を書きましょう。（10点×10問）

① 安《あん》□《ぜん》 → □《ぜん》部《ぶ》 → 部《ぶ》□《ひん》 → □《しな》物《もの》 → 物《もの》□《ごと》

② 写《しゃ》□《しん》 → □《しん》実《じつ》 → 実《じっ》□《かん》 → □《かん》動《どう》 → 動《どう》□《ぶつ》

③ 乗《じょう》□《きゃく》 → □《きゃく》車《しゃ》 → 車《しゃ》□《りょう》 → □《りょう》親《しん》 → 親《しん》□《ぞく》

④ 代《だい》□《だ》 → □《だ》力《りょく》 → 力《りき》□《とう》 → □《とう》球《きゅう》 → 球《きゅう》□《じょう》

ヒント

転落　がけから転落した。
局部　局部ますいをする。
配役　げきの配役を決《き》める。

とく点　／100

月　日

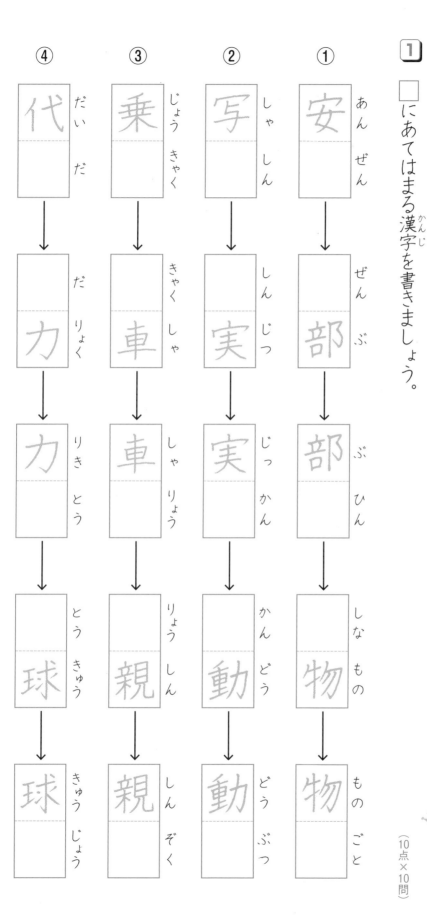

2 次《つぎ》の□にあう漢字を上からえらんで書きましょう。（5点×12問）

二人　今日
一日　二日
大人　七夕
八百屋　二十日
真っ赤
兄さん　姉さん
母さん

① □《きょう》

② □《はつか》

③ □《ふたり》

④ □《にい》さん

⑤ □《ま》っ□《か》

⑥ □《たなばた》

⑦ □《ねえ》さん

⑧ □《おとな》

⑨ □《ついたち》

⑩ □《やおや》

⑪ □《かあ》さん

⑫ □《ふつか》

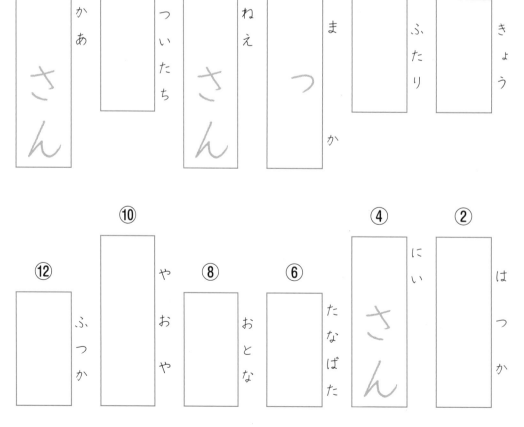

国語

6 とくべつな読みかたの漢字《かんじ》

ヒント

とくべつな読みかたの漢字《かんじ》は、約百あります。そのうち三十三は小学校で習《なら》います。

とく点　　／100

月　　日

1 ——の漢字《かんじ》の読みがなを書き、□に漢字を書きましょう。（5点×8問）

① 明日

明日　明日

② 今年

③ 川原

④ 上手

※かみて・うわてではありません。

⑤ 今朝

⑥ 時計

⑦ 部屋

⑧ 下手

※しもて・したてではありません。

⑨ 道路（　）　山路（　）

⑩ 代理（　）　交代（　）

⑪ 味見（　）　意味（　）

⑫ 流行語（　）　流れ星（　）

⑬ 緑色（　）　緑化（　）

⑭ 青葉（　）　子葉（　）

⑮ 羊雲（　）　羊毛（　）

⑯ 生き物（　）　生放送（　）

⑰ 発表（　）　表口（　）

⑱ 鉄板（　）　板前（　）

⑲ 都会（　）　都合（　）

⑳ き重品（　）　重ね着（　）

国語

5 同じ漢字《かんじ》のちがう読み（五）

ヒント

有り金　有り金をはたく。
山　路　山路を歩く。
生放送　この番組は生放送だ。

とく点　／100

月　日

1 漢字《かんじ》の読みがなを書きましょう。（5点×20問）

① 相談（　）　相手（　）

② 悪声（　）　悪気（　）

③ 皮下（　）　毛皮（　）

④ 有名人（　）　有り金（　）

⑤ 薬局（　）　薬屋（　）

⑥ 様子（　）　神様（　）

⑦ 旅館（　）　旅人（　）

⑧ 遊園地（　）　水遊び（　）

⑨ 短期　気短

⑩ 着地　着物

⑪ 電柱　貝柱

⑫ 運動会　身動き

⑬ 家庭　箱庭

⑭ 汽笛　草笛

⑮ 列島　島国

⑯ 高級品　品切れ

⑰ 寒波　波風

⑱ 毛筆　筆箱

⑲ 平和　平屋

⑳ 動植物　食べ物

国語

4 同じ漢字《かんじ》のちがう読み（四）

ヒント

深手　ナイフで深手を負《お》う。
短期　仕事《しごと》を短期でしあげる。
平屋　一階《いっかい》だての家が平屋です。

とく点　／100　月　日

1 漢字《かんじ》の読みがなを書きましょう。（5点×20問）

① 近所（　　）　台所（　　）

② 新緑（　　）　緑色（　　）

③ 真実（　　）　真心（　　）

④ 写真館（　　）　真ん中（　　）

⑤ 深海（　　）　深手（　　）

⑥ 悪人（　　）　悪者（　　）

⑦ 石炭（　　）　炭火（　　）

⑧ 登山口（　　）　山登り（　　）

⑨ 血色　鼻血

⑩ 空港　港町

⑪ 根気　屋根

⑫ 所持品　持ち物

⑬ 事実　仕事

⑭ 役者　悪者

⑮ 主人　家主

⑯ 先取点　取っ手

⑰ 石油　油絵

⑱ 重箱　重荷

⑲ 宿題　宿屋

⑳ 七福神　神わざ

国語

3 同じ漢字《かんじ》のちがう読み（三）

ヒント

血色　元気な人は血色がいい。

所持品　所持品を調《しら》べる。

取っ手　ドアの取っ手を引く。

とく点　／100

月　日

1 漢字《かんじ》の読みがなを書きましょう。（5点×20問）

①
安心（　　）
安物（　　）

②
横転（　　）
横笛（　　）

③
家屋（　　）
長屋（　　）

④
飲食店（　　）
飲み水（　　）

⑤
海岸（　　）
川岸（　　）

⑥
苦心（　　）
苦手（　　）

⑦
軽食（　　）
身軽（　　）

⑧
歯科医（　　）
歯医者（　　）

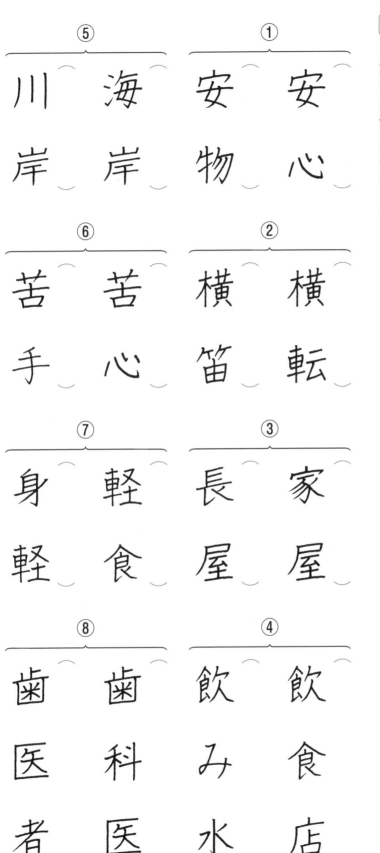

⑨
身長
身軽

⑩
休息
一息

⑪
熱《ねっ》湯
湯水

⑫
反対語
反らす

⑬
問題
問う

⑭
定休
定め

⑮
開会
開く

⑯
文化祭
花祭り

⑰
急病
急ぎ

⑱
心配
配る

⑲
追放
追う

⑳
投じる
投げる

国語

2 同じ漢字《かんじ》のちがう読み（二）

ヒント

寒中　寒中水泳《すいえい》にさんかする。
一息　水を一息に飲《の》む。
追放　ぼう力を追放する。

とく点　　／100

月　日

1 漢字《かんじ》の読みがなを書きましょう。（5点×20問）

① 鉄橋（　）　石橋（　）

② 寒中（　）　寒空（　）

③ 関《かん》係（　）　係員（　）

④ 美食家（　）　美しい（　）

⑤ 指名（　）　薬指（　）

⑥ 野球（　）　球足（　）

⑦ 植物（　）　植木（　）

⑧ 落語家（　）　落ち葉（　）

⑨ 住所 住む

⑩ 前進 進む

⑪ 予習 習う

⑫ 終着駅 終わる

⑬ 速度 速さ

⑭ 打者 打つ

⑮ 調理 調べ

⑯ 集金日 集まり

⑰ 転入 転ぶ

⑱ 返事 返す

⑲ 消火 消す

⑳ 生命力 命取り

国語

1 同じ漢字《かんじ》のちがう読み（一）

ヒント

練る　うどんこを練る。
放水　ダムの水を放水する。
生命力　ざっ草は生命力が強い。

とく点　／100

月　日

1 漢字《かんじ》の読みがなを書きましょう。（5点×20問）

① 練習（　）　練る（　）

② 放水（　）　放す（　）

③ 向上（　）　向き（　）

④ 乗用車（　）　乗組員（　）

⑤ 写生（　）　写す（　）

⑥ 天使（　）　使う（　）

⑦ 事実（　）　実る（　）

⑧ 多数決（　）　決め手（　）

3年 答 え

算　数

1 時こくと時間 (P. 4・5)

1 ① ア　午前7時5分
　イ　午前7時45分　ウ　40分
② ア　午後4時33分
　イ　午後8時14分　ウ　3時間41分

2 6時間20分

3 ① 80分　② 150分

4 ① 1時間10分　② 2時間38分

5 ① 3分40秒　② 6分45秒

6 ① 120秒　② 190秒

7 105－85＝20　<u>20分間</u>

2 円と球 (P. 6・7)

1 ① 5cm　② 2cm5mm

2 ① 6cm　② 3cm

3 ① 12cm　② 18cm

4 ① 4cm　② 24cm

3 3けたの数のたし算 (P. 8・9)

1 365＋375＝740　<u>740円</u>

2 278＋425＝703　<u>703円</u>

3 ① 697　② 569　③ 509
④ 662　⑤ 887　⑥ 805
⑦ 852　⑧ 873　⑨ 945
⑩ 933　⑪ 910　⑫ 702
⑬ 13658　⑭ 12733

4 3けたの数のひき算 (P. 10・11)

1 532－258＝274　<u>274円</u>

2 610－355＝255　<u>255円</u>

3 ① 652　② 146　③ 400
④ 471　⑤ 355　⑥ 307
⑦ 348　⑧ 356　⑨ 389
⑩ 417　⑪ 286　⑫ 516
⑬ 7469　⑭ 9478

5 かけ算のふく習 (P. 12・13)

1

まとの点数（点）	10	5	3	0	合　計
当った数（こ）	3	1	2	4	10
とく点（点）	30	5	6	0	41

2 ① 0　② 0
③ 0　④ 0
⑤ 70　⑥ 30
⑦ 60　⑧ 0

3 ① 6
② 3
③ 9
④ 7　8

4 ① 4　② 7
③ 2
④ 5
⑤ 3
⑥ 3

5 ㋐ 4　40
㋑ 2　8
㋒ 48

6 わり算 (P. 14・15)

1 56÷7＝8　<u>8cm</u>

2 36÷6＝6　<u>6たば</u>

3 28÷4＝7　<u>7人</u>

4 30÷6＝5，　4×5＝20　<u>20こ</u>

5 ① 3　② 7　③ 6　④ 3
⑤ 4　⑥ 2　⑦ 3　⑧ 9
⑨ 0　⑩ 8　⑪ 3　⑫ 7
⑬ 6　⑭ 4　⑮ 2　⑯ 5
⑰ 9　⑱ 7　⑲ 8　⑳ 6

7 あまりのあるわり算 (P. 16・17)

1 26÷4＝6あまり2

1人分は6こで、のこり2こ

2 46÷8＝5あまり6

1列に5まいで、のこり6まい

3 31÷7＝4あまり3　4週間と3日

4 53÷8＝6あまり5

1人分は6こ、あまり5こ

5 ① 8あまり1　② 5あまり1
③ 8あまり2　④ 1あまり1
⑤ 6あまり1　⑥ 7あまり6
⑦ 6あまり3　⑧ 8あまり2
⑨ 9あまり2　⑩ 7あまり4
⑪ 1あまり3　⑫ 7あまり1
⑬ 7あまり3　⑭ 3あまり6
⑮ 5あまり5　⑯ 4あまり3
⑰ 1あまり5　⑱ 6あまり4
⑲ 2あまり4　⑳ 6あまり4

8 大きい数 (P. 18・19)

1 ① （あ） 200　（い） 300
（う） 2000　（え） 3000
（お） 20000　（か） 30000
（き） 20万　（く） 30万
（け） 200万　（こ） 300万

② ㋐ 160　㋑ 240
㋒ 1600　㋓ 2400
㋔ 16000　㋕ 24000
㋖ 16万　㋗ 24万
㋘ 160万　㋙ 240万

2 ①

	千	百	十	一	千	百	十	一	千	百	十	一
				億				万				
日本の人口				1	2	7	0	9	4	7	4	5

漢数字（一億二千七百九万四千七百四十五　）

②

	千	百	十	一	千	百	十	一	千	百	十	一
				億				万				
男子の人口					6	1	8	4	1	7	3	8

漢数字（六千百八十四万千七百三十八　）

③

	千	百	十	一	千	百	十	一	千	百	十	一
				億				万				
女子の人口					6	5	2	5	3	0	0	7

漢数字（六千五百二十五万三千七　）

9 かけ算の筆算 (1) (P. 20・21)

1 ① 315　② 504　③ 312
④ 522　⑤ 553　⑥ 112
⑦ 504　⑧ 301　⑨ 108
⑩ 224　⑪ 102　⑫ 406
⑬ 531　⑭ 105　⑮ 351

2 ① 738　② 594　③ 756
④ 675　⑤ 778　⑥ 980

3 ① 4548　② 7866　③ 5676
④ 2875　⑤ 3941　⑥ 2340
⑦ 2992　⑧ 6792

10 かけ算の筆算 (2) (P. 22・23)

1 46×68＝3128　3128円

2 ① 3108　② 2001　③ 2352
④ 2403　⑤ 2622　⑥ 1764

3 ① 27244　② 13284　③ 12663
④ 56163　⑤ 15842　⑥ 62331
⑦ 59496　⑧ 57498　⑨ 45424

11 長さ (P. 24・25)

1 ① 道のり　② きょり　③ 2000m
④ 5000m　⑤ 6km

2 ① 10km　② 6km　③ 11km
④ 13km　⑤ 4km　⑥ 5km
⑦ 5km　⑧ 8km

3 360＋860＝1220　1km220m

4 ① 1600＋1240＝2840

㋑, 2km840m

② 1800＋1400＝3200
550＋2050＋500＝3100
3200－3100＝100　㋓, 100m短い

③ 2840＋3020＝5860　5km860m

12 小数 (1) (P. 26・27)

1 ① 5.4L　② 0.7L　③ 4.6cm
④ 0.4cm　⑤ 4.2kg

2 ① 35　② 48　③ 60
④ 50　⑤ 142

3 ① 7.9　② 3.5　③ 3.8

④ 6.6　⑤ 2.9　⑥ 2.6
⑦ 0.5　⑧ 0.8　⑨ 1.2
⑩ 1.2　⑪ 2.3　⑫ 6.5
⑬ 3.3　⑭ 5.2　⑮ 0.6
⑯ 0.2　⑰ 0.6　⑱ 0.4
⑲ 2.1　⑳ 0.1

13 小数(2) (P. 28・29)

1 ① 3.2　② 4.6　③ 5.3
④ 5.4　⑤ 6.1　⑥ 6.8
⑦ 7.1　⑧ 7.5　⑨ 8.1
⑩ 8.3　⑪ 9.5　⑫ 8.4
⑬ 13.3　⑭ 13.4　⑮ 14.9
⑯ 10.4　⑰ 10　⑱ 10
⑲ 11　⑳ 12

2 0.5＋2.6＝3.1　3.1kg

3 1.2＋2＝3.2　3.2L

4 3.6＋4.7＝8.3　8.3m

14 小数(3) (P. 30・31)

1 ① 2.7　② 1.8　③ 2.8
④ 4.5　⑤ 1.8　⑥ 0.7
⑦ 2.4　⑧ 3.7　⑨ 1.8
⑩ 1.6　⑪ 1.3　⑫ 3.8
⑬ 4　⑭ 3　⑮ 3
⑯ 2　⑰ 0.6　⑱ 0.2
⑲ 0.8　⑳ 0.1

2 7－2.5＝4.5　4.5L

3 3.2－0.5＝2.7　2.7kg

4 1.2－0.4＝0.8　0.8L

15 三角形 (P. 32・33)

1 **2** **3** 図はしょうりゃく

3 ② 5つ

4 ① 二等辺三角形
② 正三角形
③ 正三角形

16 分数 (P. 34・35)

1 ○をつけるもの
① $\frac{2}{5}$　② $\frac{5}{7}$

2 $\frac{5}{7}$, $\frac{3}{7}$, $\frac{2}{7}$, $\frac{1}{7}$

3 ① ㋐ $\frac{2}{10}$　㋑ $\frac{7}{10}$　㋒ $\frac{9}{10}$
② ㋓ 0.3　㋔ 0.8　㋕ 1.1

4 ① $\frac{4}{6}$　② $\frac{3}{5}$　③ $\frac{4}{7}$
④ $\frac{5}{8}$　⑤ $\frac{5}{10}$　⑥ $\frac{8}{9}$
⑦ $\frac{7}{8}$　⑧ $\frac{4}{6}$　⑨ $\frac{3}{11}$
⑩ $\frac{4}{9}$　⑪ $\frac{2}{8}$　⑫ $\frac{5}{9}$
⑬ $\frac{3}{10}$　⑭ $\frac{2}{5}$　⑮ $\frac{6}{10}$
⑯ $\frac{3}{8}$

17 □を使った式 (P. 36・37)

1 ① 12＋□＝20　② □－5＝9
③ □×4＝48　④ 30÷□＝6

2 13＋□＝20

3 42÷□＝6

4 □－5＝11

5 □×4＝40

18 表とグラフ (P. 38・39)

1 ① 5分
② 6月5日　45分
6月6日　30分
6月7日　40分
6月8日　60分

2

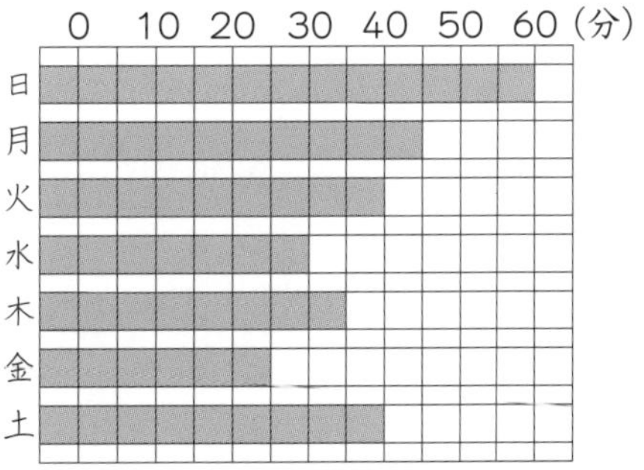

3

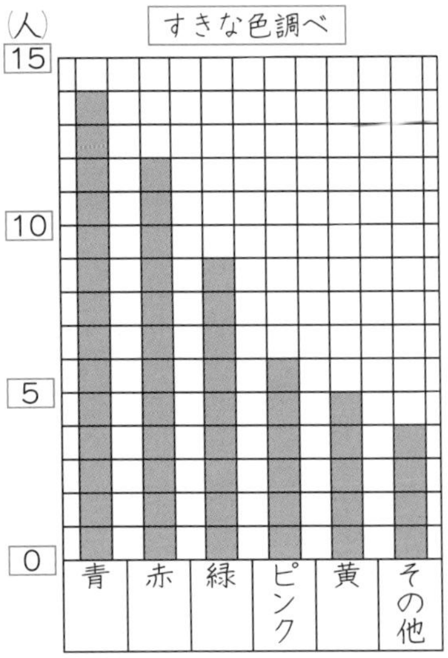

19 重さ (P. 40・41)

1 ア 140g イ 250g ウ 360g
エ 640g オ 955g

2 ① 3kg600g ② 700g

3 ① g ② kg ③ g ④ kg

4 ① 5kg ② 10kg

5 ① 200g ② 2g
③ 500g ④ 350g

6 ① 3t ② 7t ③ 20t
④ 40t ⑤ 54t ⑥ 68t

7 ① 5t ② 4t500kg ③ 4000L

理 科

1 草花を育てよう (1) (P. 42・43)

1 ① × ② ○ ③ ○ ④ ×
⑤ × ⑥ ○

2 ① ㋑ ② ㋓ ③ ㋐ ④ ㋒

3 ① 本葉 ② 子葉 ③ くき
④ 根《ね》

4 (1) ① 手 ② 見るもの
③ 虫めがね ④ 目
(2) ① 見るもの ② 虫めがね

2 草花を育てよう (2) (P. 44・45)

1 ① ヒマワリの葉
② 5月10日
③ 晴れ
④ 学級園
⑤ 春野かおり
⑥ 2まい
⑦ 4cm
⑧ 子葉
⑨ 形がちがう、大きさがちがう

2 ① 2 ② 4 ③ 1 ④ 5
⑤ 3

3 ① あな ② 1つぶ ③ 土
④ 2 ⑤ 50

3 こん虫をさがそう (1) (P. 46・47)

1 ① たまごのから ② キャベツ
③ 緑色 ④ 皮
⑤ 4回 ⑥ さなぎ

2 ① シオカラトンボ ② トノサマバッタ
③ カブトムシ ④ オオカマキリ

3 (1) ㋐ アゲハ
㋑ モンシロチョウ
(2) ① あたま ② むね
③ はら
(3) あし6本、はね4まい
(4) ○をつけるもの……①、②、④

4 こん虫をさがそう (2) (P. 48・49)

1 ㋐ たまご ㋑ せい虫
㋒ さなぎ ㋓ よう虫
㋕ せい虫 ㋖ よう虫
㋗ たまご ㋘ さなぎ

2 ②、③、⑤

3 (1) ① あたま ② むね
③ はら
(2) ㋐ しょっ角が2本
㋑ 目が2こ
㋒ 口が1こ
㋓ あしが6本

4 ① 2つ ② 8本

5 風やゴムのはたらき (P. 50・51)

1 ① 消す ② 動く
③ 小さな ④ たおした
⑤ かわら ⑥ 大きな

2 ① 強 ② 切 ③ 弱 ④ 中

3 ① ○ ② ○ ③ ○ ④ ×
⑤ ×

4 ㋑

5 ① ○ ② ○ ③ × ④ ○

6 かげと太陽 (P. 52・53)

1 ① さえぎる ② かげ
③ 太陽 ④ 動き

2 ① × ② ○ ③ × ④ ○
⑤ × ⑥ ○

3 (1) ㋐ 日なた ㋑ 日かげ
(2) ㋐
(3) 日なたになる

4 (1) ④、⑤
(2) ②、③
(3) ㋐
(4) ㋒

7 光であそぼう (P. 54・55)

1 (1) ① 日光 ② 明るく
③ 目 ④ 顔
(2) ① 丸 ② 四角 ③ 三角

2 (1) ㋐
(2) ㋓
(3) ②

3 ① ㋒
② ㋐
③ ㋑
④ 2か所《しょ》
⑤ 2か所

8 ものと重さ (P. 56・57)

1 (1) ねん土
(2) 鉄
(3) 発ぽうスチロール
(4) 鉄
(5) 木(3) 鉄(1)
ねん土(2) 発ぽうスチロール(4)

2 ㋐

3 ㋐

4 ㋑

9 あかりをつけよう (P. 58・59)

1 ① フィラメント ② 豆電球
③ ソケット ④ どう線
⑤ プラスきょく
⑥ マイナスきょく
⑦ かん電池 ⑧ スイッチ

2 ㋐ × ㋑ ○ ㋒ ×

3 (①、④のじゅん番は自由)
① プラスきょく ② どう線
③ 豆電球 ④ マイナスきょく
⑤ わ

4 ① ○ ② × ③ × ④ ○

10 じしゃく (1) (P. 60・61)

1 ① × ② ○ ③ × ④ ○
⑤ × ⑥ × ⑦ ○ ⑧ ×
⑨ ○ ⑩ ×

2 ① × ② ○ ③ ○ ④ ×

3 (1) ①、⑤
(2) ①、⑤

4 (1) ㋐ 南 ㋑ 北 ㋒ 東
(2) ① Sきょく ② Nきょく
(3) 方位《ほうい》じしん (方位じしゃく)

11 じしゃく (2) (P. 62・63)

1 ① ○ ② × ③ ○ ④ ×
⑤ ○ ⑥ × ⑦ ○ ⑧ ×
⑨ ○ ⑩ ×

2 (1) ㋑、㋓
(2) ㋐、㋒
(3) ① × ② ○ ③ ○
④ ○ ⑤ × ⑥ ×

●●● 社　会 ●●●

1 地図のきまり (1) (P. 64・65)

1 ① 北東　② 南東　③ 南西
④ 西　⑤ 八方位

2 ○をつけるもの……①、④

3 ① 道路《どうろ》　② 橋《はし》　③ けいさつしょ
④ 消《しょう》ぼうしょ　⑤ 病院《びょういん》
⑥ ゆうびん局《きょく》　⑦ 学校
⑧ 神社《じんじゃ》　⑨ 寺　⑩ 工場
⑪ 港《みなと》　⑫ 田　⑬ 畑《はたけ》

2 地図のきまり (2) (P. 66・67)

1 (1) 山ちょう　(2) 北西　(3) 東
(4) 田と畑《はたけ》　(5) ○をつけるもの…③④

2 ① 寺　② 消《しょう》ぼうしょ
③ 発電所《はつでんしょ》

3 ① ☼　② 　③ ⚓　④ ⛩
⑤ 　⑥ 　⑦ 文　⑧ 

3 まちとくらし (P. 68・69)

1 ① ㋑　② ㋒　③ ㋓　④ ㋕
⑤ ㋐　⑥ ㋔

2 (1) ① ◎　② ⊗　③ ☼
(2) ㋐ 学校　㋑ 消《しょう》ぼうしょ
㋒ 神社《じんじゃ》　㋓ 田
(3) ① ㋒　② ㋐

4 くらしと商店 (1) (P. 70・71)

1 (1) ① 6　② 5　③ 3　④ 2
(2) つけもの (屋)、和がし (屋)、米 (屋)、ピザ (屋)

2 ① ㋑　② ㋓　③ ㋐　④ ㋒

5 くらしと商店 (2) (P. 72・73)

1 ② ④ ⑤ ⑦

2 ① ㋐　② ㋒　③ ㋑

3 ① ㋑　② ㋐　③ ㋒

6 くらしと商店 (3) (P. 74・75)

1 ① ㋓　② ㋒　③ ㋑
④ ㋐　⑤ ㋔

2 (1) 近くの店　スーパーマーケット
(2) 近くの店　スーパーマーケット

3 ① ㋐　② ㋒　③ ㋑　④ ㋓

4 ① 商店がい　②コンビニエンスストア

7 農家の仕事 (1) (P. 76・77)

1 (1) ねぎ　キャベツ　しゅんぎく　きゅうり
(2) きゅうり
(3) きゅうり　ねぎ
(4) 近くの市場

2 ○をつけるもの……②⑤

8 農家の仕事 (2) (P. 78・79)

1 ○をつけるもの……①②④⑥⑦

2 ① ㋒　② ㋓　③ ㋔
④ ㋐　⑤ ㋑

9 工場の仕事 (1) (P. 80・81)

1 ① しぼったちちを集める
② 朝
③ 1～3度
④ 130度
⑤ けんさ
⑥ 10度

2 ①－㋒　②－㋓
③－㋐　④－㋑

10 工場の仕事 (2) (P. 82・83)

1 (1) ① 17　② 35　③ 21
④ 3　⑤ 1
(2) 109
(3) 6
(4) 食料品《しょくりょうひん》
(5) プラスチック
(6) 金ぞく工場

2 機械…時計・テレビ・ロボット・自動車
金ぞく…鉄板・かん・ねじ

せんい…タオル・服
食料品…おかし・パン・ハム

11 昔のくらし、今のくらし (P. 84・85)

[1] (1) せんたく
(2) 80年ぐらい前
(3) ㋐ ポンプ　㋑ せんたく板
㋒ たらい
(4) ○をつけるもの……㋐
(5) ㋐ 2　㋑ 3　㋒ 1

[2] (1)

	昔		今
ごはんのほぞん	①	おひつ	㋒
ごはんをおくところ	②	はこぜん	㋓
りょう理《り》をつくったり温《あたた》める	③	いろり	㋑
明かり	④	ランプ	㋐

(2) ① おばあさん　② たくさん（多く）

英　語

1 アルファベット ① (P. 86・87)
しょうりゃく

2 アルファベット ② (P. 88・89)
しょうりゃく

3 アルファベット ③ (P. 90・91)
しょうりゃく

4 アルファベット ④ (P. 92・93)
しょうりゃく

国　語

1 同じ漢字のちがう読み (一) (P. 128・129)

[1]
① れんしゅう　ねる
② ほうすい　はなす
③ こうじょう　むき
④ じょうようしゃ　のりくみいん
⑤ しゃせい　うつす
⑥ てんし　つかう
⑦ じじつ　みのる
⑧ たすうけつ　きめて
⑨ じゅうしょ　すむ
⑩ ぜんしん　すすむ
⑪ よしゅう　ならう
⑫ しゅうちゃくえき　おわる
⑬ そくど　はやさ
⑭ だしゃ　うつ
⑮ ちょうり　しらべ
⑯ しゅうきんび　あつまり
⑰ てんにゅう　ころぶ
⑱ へんじ　かえす
⑲ しょうか　けす
⑳ せいめいりょく　いのちとり

2 同じ漢字のちがう読み (二) (P. 126・127)

[1]
① てっきょう　いしばし
② かんちゅう　さむぞら
⑤ しめい　くすりゆび
⑥ やきゅう　たまあし
⑨ しんちょう　みがる
⑩ きゅうそく　ひといき
⑬ もんだい　とう
⑭ ていきゅう　さだめ
⑰ きゅうびょう　いそぎ
⑱ しんぱい　くばる

③ かんけい かかりいん
④ びしょくか うつくしい
⑦ しょくぶつ うえき
⑧ らくごか おちば
⑪ ねっとう ゆみず
⑫ はんたいご そらす
⑮ かいかい ひらく あく
⑯ ぶんかさい はなまつり
⑲ ついほう おう
⑳ とうじる なげる

3 同じ漢字のちがう読み ㈢ (P. 124・125)

1

① あんしん やすもの
② おうてん よこぶえ
③ かおく ながや
④ いんしょくてん のみみず
⑤ かいがん かわぎし
⑥ くしん にがて
⑦ けいしょく みがる
⑧ しかい はいしゃ
⑨ けっしょく はなぢ
⑩ くうこう みなとまち
⑪ こんき やね
⑫ しょじひん もちもの
⑬ じじつ しごと
⑭ やくしゃ わるもの
⑮ しゅじん やぬし
⑯ せんしゅてん とって
⑰ せきゆ あぶらえ
⑱ じゅうばこ おもに
⑲ しゅくだい やどや
⑳ しちふくじん かみわざ

4 同じ漢字のちがう読み ㈣ (P. 122・123)

1

① きんじょ だいどころ
② しんりょく みどりいろ
③ しんじつ まごころ
④ しゃしんかん まんなか
⑤ しんかい ふかで
⑥ あくにん わるもの
⑦ せきたん すみび
⑧ とざんぐち やまのぼり
⑨ たんき きみじか
⑩ ちゃくち きもの
⑪ でんちゅう かいばしら
⑫ うんどうかい みうごき
⑬ かてい はこにわ
⑭ きてき くさぶえ
⑮ れっとう しまぐに
⑯ こうきゅうひん しなぎれ
⑰ かんぱ なみかぜ
⑱ もうひつ ふでばこ
⑲ へいわ ひらや
⑳ どうしょくぶつ たべもの

5 同じ漢字のちがう読み ㈤ (P. 120・121)

1

① そうだん あいて
② あくせい わるぎ
③ ひか けがわ
⑤ やっきょく くすりや
⑥ ようす かみさま
⑦ りょかん たびびと
⑨ どうろ やまじ
⑩ だいり こうたい
⑪ あじみ いみ
⑬ みどりいろ りょっか
⑭ あおば しよう
⑮ ひつじぐも ようもう
⑰ はっぴょう おもてぐち
⑱ てっぱん いたまえ
⑲ とかい つごう

④ ｛ゆうめいじん　ありがね｝
⑧ ｛ゆうえんち　みずあそび｝
⑫ ｛りゅうこうご　ながれぼし｝
⑯ ｛いきもの　なまほうそう｝
⑳ ｛きちょうひん　かさねぎ｝

6 とくべつな読み方の漢字 （P. 118・119）

1
① あす
② ことし
③ かわら
④ じょうず

⑤ けさ
⑥ とけい
⑦ へや
⑧ へた

2
① 今日
③ 二人
⑤ 真っ赤
⑦ 姉さん
⑨ 一日
⑪ 母さん

② 二十日
④ 兄さん
⑥ 七夕
⑧ 大人
⑩ 八百屋
⑫ 二日

7 漢字のしりとり ㈠ （P. 116・117）

1
① 安全↓全部↓部品↓品物↓物事
② 写真↓真実↓実感↓感動↓動物
③ 乗客↓客車↓車両↓両親↓親族
④ 代打↓打力↓力投↓投球↓球場
⑤ 他人↓人相↓相手↓手軽↓軽石

⑥ 回転↓転落↓落石↓石油↓油田
⑦ 薬局↓局部↓部屋↓屋根↓根気
⑧ 漢詩↓詩集↓集合↓合宿↓宿題
⑨ 反対↓対決↓決心↓心配↓配役
⑩ 駅長↓長屋↓屋上↓上流↓流行

8 漢字のしりとり ㈡ （P. 114・115）

1
① 全身↓身体↓体重↓重荷↓荷物
② 飲酒↓酒屋↓屋台↓台所↓所員
③ 商品↓品物↓物体↓体温↓温度
④ 強調↓調和↓和服↓服地↓地面
⑤ 最悪↓悪筆↓筆箱↓箱庭↓庭園

⑥ 心身↓身軽↓軽食↓食事↓事業
⑦ 追放↓放流↓流行↓行楽↓楽勝
⑧ 午前↓前歯↓歯科↓科学↓学者
⑨ 水深↓深緑↓緑化↓化石↓石炭
⑩ 植物↓物事↓事実↓実感↓感想

9 漢字のしりとり (三) (P. 112・113)

1

① 行商→商船→船室→室温→温度

② 交代→代打→打球→球根→根元（本）

③ 仕事→事実→実行→行動→動物

④ 鉄路→路面→面談→談話→話題

⑤ 近海→海流→流氷→氷原→原油

⑥ 発表→表口→口調→調理→理由

⑦ 出発→発明→明暗→暗号→号外

⑧ 農薬→薬指→指定→定期→期日

⑨ 客車→車両→両用→用事→事実

⑩ 時代→代筆→筆記→記帳→帳面

10 四こままんが (一) (P. 110・111)

1

（例《れい》）

①とらねこのトラが、川でおいしそうな魚を見つけました。

「やった。お昼ごはんだぞ。」

さっそく一ぴきとったようです。

（②〜④の答えはしょうりゃく）

11 じゅく語の読み・書き (一) (P. 108・109)

1

1 運

① 運《うん》動《どう》

② 運《うん》転《てん》

③ 運《うん》送《そう》

④ 運《うん》命《めい》

2 横

① 横《よこ》笛《ぶえ》

② 横《よこ》顔《がお》

③ 横《よこ》波《なみ》

④ 横《よこ》町《ちょう》

3 急

① 急《きゅう》行《こう》

② 急《きゅう》流《りゅう》

③ 急《きゅう》用《よう》

④ 急《きゅう》病《びょう》

◎ 勝《しょう》負《ぶ》

4 決

① 決《けっ》心《しん》
② 決《けつ》意《い》
③ 決《けっ》勝《しょう》
④ 決《けっ》死《し》

5 進

① 進《しん》学《がく》
② 進《しん》級《きゅう》
③ 進《しん》路《ろ》
④ 進《しん》行《こう》

6 代

① 代《だい》表《ひょう》
② 代《だい》理《り》
③ 代《だい》役《やく》
④ 代《だい》打《だ》

7 発

① 発《はつ》明《めい》
② 発《はっ》見《けん》
③ 発《はつ》育《いく》
④ 発《はっ》送《そう》

◎ 温《おん》度《ど》

12 じゅく語の読み・書き ㈡ (P. 106・107)

1

1 意

① 用《よう》意《い》
② 注《ちゅう》意《い》
③ 決《けつ》意《い》
④ 悪《あく》意《い》

2 球

① 投《とう》球《きゅう》
② 送《そう》球《きゅう》
③ 返《へん》球《きゅう》
④ 直《ちょっ》球《きゅう》

3 所

① 名《めい》所《しょ》
② 役《やく》所《しょ》
③ 長《ちょう》所《しょ》
④ 短《たん》所《しょ》

◎ 対《たい》決《けつ》

4 習

① 練《れん》習《しゅう》
② 学《がく》習《しゅう》
③ 予《よ》習《しゅう》
④ 実《じっ》習《しゅう》

5 者

① 読《どく》者《しゃ》
② 作《さく》者《しゃ》
③ 使《し》者《しゃ》
④ 役《やく》者《しゃ》

6 速

① 時《じ》速《そく》
② 高《こう》速《そく》
③ 音《おん》速《そく》
④ 風《ふう》速《そく》

7 物

① 植《しょく》物《ぶつ》
② 動《どう》物《ぶつ》
③ 生《せい》物《ぶつ》
④ 見《けん》物《ぶつ》

◎ 帳《ちょう》面《めん》

13 じゅく語の読み・書き ㈢ (P. 104・105)

1

1 実

① 事《じ》実《じつ》
② 真《しん》実《じつ》
③ 実《じつ》物《ぶつ》
④ 実《じっ》行《こう》

2 送

① 放《ほう》送《そう》
② 運《うん》送《そう》
③ 電《でん》送《そう》
④ 送《そう》金《きん》

3 血

① 出《しゅっ》血《けつ》
② 止《し》血《けつ》
③ 血《けっ》色《しょく》
④ 血《けっ》行《こう》

◎ 安《あん》全《ぜん》

路 4

① 道《どう》路《ろ》
② 通《つう》路《ろ》
③ 路《ろ》地《じ》
④ 路《ろ》面《めん》

面 5

① 地《じ》面《めん》
② 帳《ちょう》面《めん》
③ 面《めん》会《かい》
④ 面《めん》談《だん》

役 6

① 主《しゅ》役《やく》
② 配《はい》役《やく》
③ 役《やく》者《しゃ》
④ 役《やく》目《め》

定 7

① 予《よ》定《てい》
② 安《あん》定《てい》
③ 定《てい》食《しょく》
④ 定《てい》期《き》

◎ 調《ちょう》理《り》

14 反対の意味のことば (P. 102・103)

1

① 勝ち
② 着る
③ 登る
④ 拾う
⑤ 乗る
⑥ 動く
⑦ 安い
⑧ 進む
⑨ 深い
⑩ 起きる

2

① 登校
② 心配
③ 始業
④ 上流
⑤ 短所
⑥ 表通り
⑦ 開店
⑧ 予習
⑨ 部分
⑩ 乗車

15 送りがな (P. 100・101)

1

① 悪い
② 開ける
③ 起きる
④ 決める
⑤ 安い
⑥ 苦しい
⑦ 始まる
⑧ 調べる
⑨ 実る
⑩ 集める

2

① 短い
② 植える
③ 消える
④ 受ける
⑤ 表す
⑥ 落ちる
⑦ 重ねる
⑧ 登る
⑨ 投げる
⑩ 流れる

16 四こままんが (二) (P. 98・99)

1 （例《れい》）

①日曜日に、ケイはおじさんの家に行きました。
庭《にわ》には、大きな池がありました。そこへおじさんがやってきて、
「いいかい。見ていろよ。」
と言って、パンパンと手をたたきました。
（②〜④の答えはしょうりゃく）

17 主語とじゅつ語 (一) (P. 96・97)

1

① 台風が
② はだは
③ スニーカーは
④ すべり台は
⑤ たぬきが
⑥ うぐいすが
⑦ 一番星が
⑧ かもめは

2

① 出かけます
② ねころぶ
③ 打った
④ 長い
⑤ 美しい
⑥ きれいだ
⑦ 明るい
⑧ 先生です
⑨ 食べ物だ
⑩ 動物だ
⑪ いる
⑫ ある

18 主語とじゅつ語 (二) (P. 94・95)

1

① 子馬が　いななく
② 夏川さんは　人気者だ
③ ふんすいは　ない
④ 冬は　寒い
⑤ 太平洋は　広い
⑥ おやつは　やきいもです
⑦ 兄さんが　かじった
⑧ お金が　ない
⑨ さくらが　ちる
⑩ 姉は　部長です
⑪ これは　天気図です
⑫ めだかは　泳ぐ
⑬ ねこが　いる
⑭ 夜行列車が　通った
⑮ つばめは　帰ります
⑯ メロンは　あまい
⑰ 色画用紙は　ありません
⑱ 赤ちゃんは　かわいい
⑲ 家族は　四人です
⑳ たねが　とびちった

らくらく全科プリント　小学3年生

2011年4月20日　初版発行
2021年1月20日　改訂版発行

監　修：陰《かげ》　山《やま》　英《ひで》　男《お》
著　者：三《み》　木《き》　俊《しゅん》　一《いち》
発行者：面《おも》　屋《や》　尚《たか》　志《し》

発行所：フォーラム・A

〒530-0056 大阪市北区兎我野町15-13
TEL：06-6365-5606
FAX：06-6365-5607
振替：00970-3-127184
HP：http://foruma.co.jp/

制作担当編集：藤原　幸祐　★★3022

表紙デザイン：ウエナカデザイン事務所
印刷・製本：東洋紙業高速印刷株式会社